LE KHIVA

EN MARS 1873

« Maître du Khiva, beaucoup d'autres États se trouveront sous notre dépendance. »

(PIERRE-LE-GRAND.)

« The New Free Press of to-day publishes an « article in which it seeks to prove from historical « antecedents that Russia not only aims at con- « quest in Central Asia, but desires to carry out « the plan originated by Peter the Great. and draw « to herself the trade with India and China. »

(*Theleg. de Vienne*, 14 avril.)

« ..... Il ne faut pas oublier que les vices et la « dépravation accompagnent toujours la conquête: « comme à Tachkent et dans les autres villes rus- « sifiées du Turkestan, l'ivrognerie fera les plus « grands ravages; les habitudes de fraude et de « tromperie se répandront parmi le peuple. Les « Turkmènes et les Uzbeks, non encore contami- « nés par ce qu'on appelle la civilisation russe, « sont encore d'une probité parfaite..... »

(*Républiq. franç.*, 20 avril 1873.)

EN VENTE, A PARIS, CHEZ MAISONNEUVE
15, quai Voltaire

A LONDRES, CHEZ QUARITCH
15, Piccadilly. W.

ET CHEZ L'AUTEUR ALI SUAVI
PARIS. — AVENUE WAGRAM, 50.

1873

LE KHIVA

EN MARS 1873

« Maître du Khiva, beaucoup d'autres États se trouveront sous notre dépendance. »
(PIERRE-LE-GRAND.)

« The New Free Press of to-day publishes an « article in which it seeks to prove from historical « antecedents that Russia not only aims at con- « quest in Central Asia, but desires to carry out « the plan originated by Peter the Great, and draw « to herself the trade with India and China. »
(*Thelcg. de Vienne*, 14 avril.)

« ..... Il ne faut pas oublier que les vices et la « dépravation accompagnent toujours la conquête: « comme à Tachkent et dans les autres villes rus- « sifiées du Turkestan, l'ivrognerie fera les plus « grands ravages; les habitudes de fraude et de « tromperie se répandront parmi le peuple. Les « Turkmènes et les Uzbeks, non encore contami- « nés par ce qu'on appelle la civilisation russe, « sont encore d'une probité parfaite..... »
(*Républiq. franç.*, 20 avril 873.)

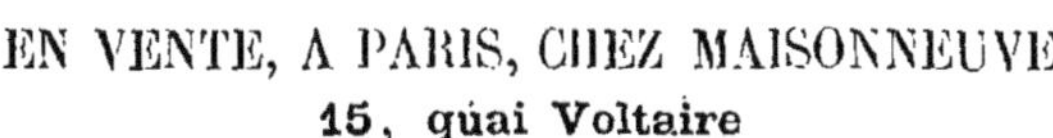

EN VENTE, A PARIS, CHEZ MAISONNEUVE
15, quai Voltaire
A LONDRES, CHEZ QUARITCH
15, Piccadilly. W.
ET CHEZ L'AUTEUR ALI SUAVI
PARIS. — AVENUE WAGRAM, 50.
1873

UN MOT AU LECTEUR

En Mars 1873, j'écrivis, en turc, mes connaissances sur le Khiva, et j'en fis un volume que je publiai avec des cartes qui devront faciliter les recherches du lecteur.

Quelqu'un de mes amis me poussa à traduire mon ouvrage en français.

Ce que je fis.

Peut-être les cartes sembleront-elles étranges. Mais, dans mes recherches, ayant considéré le peu de connaissances des Géographes sur l'Asie Centrale, les différences qui existent entre les cartes modernes; voyant, par exemple, que celui-ci plaçait telle ville sous tel degré; qu'un autre la plaçait un ou deux degrés plus haut, plus bas, plus à droite, plus à gauche.... j'ai songé à en dresser une historique d'après les situations observées par les astronomes Tousy et Oulough Bey, l'historien Ebulghazi, Khan de Khiva, et j'en dressai une seconde, extraite des plus célèbres Orientalistes.

Or, sur cette dernière, je marque la force et les mouvements de l'expédition actuelle.

ALI-SUAVI.

Paris, avenue de Wagram, 50.

PRÉFACE

Cette année 1873, la Russie vient d'envoyer une armée au Khiva, laquelle partit de trois points différents : du Caucase, de l'Orenbourg, et du Turkestan. L'expédition se divisa donc, le 15 Mars, pour aller se rejoindre, en Mai, à la frontière du Khiva.

La dispute de la Russie avec le Khiva date d'un siècle et demi ; et, depuis, les hostilités n'ont jamais été suspendues.

Pierre-le-Grand avait dit : « Maître du Khiva, beaucoup d'autres États se trouveront sous notre dépendance. »

L'idée du Tzar était d'établir des navires sur la Caspienne et d'attaquer le Khiva, pour de là s'ouvrir une route vers les Indes. Sous l'influence de cette idée, il envoyait déjà, de ce côté, en 1716 et 1717, deux armées, sous le commandement du prince Békevitch.

Depuis lors, les Russes blâment les Euzbeks et les appellent barbares, à cause du châtiment cruel qu'ils infligèrent au prince Békevitch en l'écorchant vif et faisant, de sa peau, un tambour. (1)

Le témoignage des Russes, dans cette circonstance, n'est pas équitable, si l'on considère que Békevitch n'était autre que le Devlet-Guiraï des Turcs. Et les Khiviens en apercevant, à la tête de l'armée ennemie, un transfuge de leur nation (2), purent bien se laisser emporter par la colère et infliger au traître un tel châtiment.

Ce n'est pas tout; après que les Khiviens eurent défait Devlet-Guiraï (Békevitch), ils massacrèrent toute son armée.

Cependant l'armée de réserve et du génie que le prince Békevitch avait laissé campée à Alexandre-baye, à Krasnovodsk, apprenant la défaite, se replièrent, avec leurs navires, sur Astrakan. Et les forteresses qu'ils avaient entrepris de fonder, à l'est de la Caspienne, restèrent inachevées.

Après ce désastre, le Cabinet de Pétersbourg changea de politique. Et au lieu d'attaquer le Khiva avec ses propres forces, il chercha, par des ruses habilement jouées, à attirer dans ses intérêts les Turkmans des côtes orientales de la Caspienne, pour les lâcher ensuite contre les Khiviens.

En 1813, le commandant de la Géorgie, général d'infanterie Richtchev, envoya Jean Mouratov sur les confins de la Caspienne, en Turkmanie, pour gagner quelques chefs Turkmans.

(1) Ce supplice d'écorchement est-il vrai, oui ou non? Nous reviendrons sur ce sujet, au chapitre : Histoire. (p. 67.)

(2) Quelqu'un le croit d'origine Tcherkes.

Ce Mouratov était un Arménien de Derbend qui connaissait bien ces chefs Turkmans, à cause de son commerce dans l'Atstrabad.

Mouratov, par son habileté, gagna Sultan-Khan qui était chef de parti parmi les Turkmans.

Sultan-Khan, quoique ambitieux, n'avait aucune vue sur le Khiva ; mais il voulait, surtout, établir sa domination en Turkmanie et vaincre les Perses qui ne le laissaient point tranquille ni lui, ni ses populations. Car, entraîné par les belles paroles de Mouratov, il s'était laissé aller à penser que la Russie pourrait faire alliance avec lui et lui prêter main-forte en cas de besoin.

Conjointement avec son allié, il envoya donc des hommes choisis au général Rtichtchev. Mais, lorsque ces députés furent arrivés à Gulistan de Kara-Bagh, quartier du commandant, il se trouva que l'alliance de la Russie avec l'Ambassadeur de Perse Abdu-l-Hussein-khan, venait d'être scellée.

Or, cet Ambassadeur, en apprenant l'arrivée des députés à Gulistan, redouta l'alliance des Turkmans avec la Russie et affecta de dire au général : « Notre gouvernement ne connaît point ces gens.... » Et le général de répondre diplomatiquement ; « Et notre gouvernement ne les connaît pas davantage. »

Alors, après les avoir reçus avec indifférence et sans qu'il fût question de politique, il les congédia en leur offrant des cadeaux.

Cette complication d'affaires parut une fourberie aux yeux des Turkmans. Et dès lors désespérés, une partie d'entre eux vinrent se soumettre à la Perse, tandis que la majorité, avec le chef Sultan-Khan, ne voulant point entrer en composition, se retira sur le territoire du Khiva.

En 1819, le commandant de Géorgie, Iermolov projeta une nouvelle alliance avec les Turkmans. Et pour conclure cette alliance, il choisit le Major Ponomarev, commandant du fort d'Elisabetpol. Ce fut Moraviev, Capitaine d'État-Major, qu'on envoya comme Ambassadeur au Khan de Khiva, Mohammed-Rahim, avec des lettres d'amitié, lesquelles contenaient une demande de rénovation de routes commerciales entre Khiva et la Russie. Mais le but secret de cette ambassade était d'étudier la Turkmanie ainsi que les routes, les positions géographiques et les forces militaires du Khiva.

En 1839, pendant que lord Oakland envahissait Kaboul; les Russes descendaient sur Khiva avec une armée de douze mille hommes, commandés par le général Pérovesky (Juin). Mais le Khan de Khiva se trouvait être alors le fameux Rahman-Kouly, connu dans toute l'Asie par son courage et sa valeur. Pas n'est besoin de dire qu'il repoussa l'armée russe.

En 1840, la Russie était contrainte de faire la paix.

Après cette défaite, les Russes expérimentés sur les positions du Khiva, jetèrent les yeux sur le lac Aral et annexèrent à leur vaste empire les côtes orientales de ce lac, lesquelles étaient autrefois gouvernées par le Khan de Khiva, dont le sceptre s'étendait jusqu'à l'embouchure du Seihon (Syr. Iaxartes).

Depuis 1852, la Russie établit dans l'Aral une flottille de cinq navires, dont trois à voiles et deux vapeurs cuirassés.

Ces deux derniers avaient été construits en Suède,

puis démontés pièce à pièce, puis transportés à Pétersbourg, de Pétersbourg à Samara, de Samara à Aralsk et, là, remontés et lancés sur le lac. (1)

— Mais quel combustible a-t-on employé, jusqu'à ce jour, pour leur vapeur ?

— Le charbon qu'on expédie d'Occident par le cours du Don et ensuite par les steppes des Kirghis et qui coûte 300 fr. la tonne.

Depuis qu'elle a créé le nouveau Turkestan, combien la Russie est heureuse de trouver, à 22 lieues de Tchemkent, une mine de charbon de terre qu'elle exploite au moyen de la vapeur !

Comme cette flottille sur l'Aral facilita autrefois la conquête du Seihon, de même aujourd'hui elle peut rendre quelques services dans la conquête du Djeihon.

Le 11 janvier 1853, l'armée russe vint conquérir, pour la première fois, le Khiva.

En 1854, elle fit signer, au Khan de Khiva, un traité non moins dangereux que celui de Kaïnardja (des Turcs), ou celui de Caspienne (des Persans).

Si le Khan de Khiva eut alors connu la guerre de Crimée, eut-il signé ce malheureux traité que vint lui imposer la Russie ?...

Et si la Sublime-Porte avait eu une longue-vue politique, n'aurait-elle point eu d'intelligences avec le Khan de Khiva pour lui faire connaître ou pressentir la nouvelle occupation des Russes en Crimée ?...

(1) Aujourd'hui la flottille de l'Aral se compose des vapeurs *Pérovesky* (cinq canons), *Aral* (un canon), *Syr Deria* (un canon), *Samarkand* (trois canons), et *Tachkent;* ainsi que d'une chaloupe à vapeur l'*Obroutchaw*. Elle possède en outre plusieurs grandes barques de transport.

En 1869, les Russes avancèrent, sur la côte sud-est de la Caspienne, leur forteresse de Krasnovodsk.

En 1870, ils bâtirent, sur les mêmes côtes, de nouveaux forts et s'ouvrirent une route à Hérat.

En 1871, ils prirent Tchikichlar qui devint leur quartier général d'où partit, en 1872, le colonel Markosoff avec ses colonnes, se dirigeant sur le Khiva.

Aujourd'hui la Russie a complété sa marine dans la Caspienne et reçu, de la Perse, tout le pays qui est compris entre Dehistan (Achora) et Abskoun, c'est-à-dire toute la vallée qui est entre l'Etrak et le Gurguan.

Si ce fait a été démenti par Mouhsin-Khan, hier ambassadeur de Perse à Londres, aujourd'hui ambassadeur à Constantinople, du moins les journaux anglais l'ont ratifié. Et cette confirmation est appuyée par l'établissement récent des forteresses que les Russes viennent d'élever dans ces vallées.

Ajoutons que ceux-ci viennent de faire, du golfe d'Astrabat, une station de leur marine !

En définitive, toute la côte orientale de la Caspienne, jusqu'à Astrabat, est tombée aux mains du Tzar.

Le Khiva a fourni son contingent de savants tels que le grand Fekih Kivamu-Ddin, auteur de Miradju-Ddraïch; le grand logicien Husamu-Ddin ; l'encyclopédiste Nassir; Khodjeh Ebulfeva; le héros Mahmoud-Bouria ; Kemalu-Ddin et le savant Zamakhchari; surtout le philosophe Kubra; et d'autres encore que nul pays n'a produits.

Les Euzbeks élevaient et renversaient, à leur gré, les princes de l'Empire russe, tels que Michel II, Iourié, Dmitri, etc.

Les Khorzem Chahans étendirent leur domination du sud, jusqu'à l'Indoustan; d'orient, jusqu'au Turkestan ; du sud-ouest, jusqu'à l'Arabie ; d'Occident, jusqu'à l'Asie-Mineure.

C'est avec les Khans des Euzbeks, que les Sultans ottomans voyaient la nécessité de s'allier militairement. C'est à eux que Suleiman-le-Magnifique, pour cimenter son alliance, envoya 300 Yeni-Tchcri (Janissaires), avec canons de gros et de petit calibre. C'est encore à eux que Murad III envoya un ambassadeur, par la voie de l'Inde, pour solliciter leur alliance et leur demander assistance contre les Safis hérétiques.

Donc, on en conviendra sans peine, ce pays qui a eu autrefois tant de retentissement (1) et qui est, aujourd'hui, le seul indépendant devant la Russie, mérite bien qu'on s'occupe un peu de sa destinée et qu'on écrive sur son état actuel.

C'est pourquoi, je crois pouvoir me charger de ce travail et en faire un traité que je divise en deux parties :

1° Les agrandissements de la Russie dans l'Asie centrale.

2° Le Khiva.

(1) A propos de cette grandeur de Khiva, il faut voir l'*Histoire de Khowarezm* par Mohammed *Khowarezmy*, en 80 vol. Cet ouvrage a été abrégé par Dheheby.

PREMIÈRE PARTIE

Agrandissements de la Russie dans l'Asie centrale.

Première remarque : La Russie nourrit une politique extraordinairement stable : les ans, les siècles passent, les membres du cabinet changent, mais, pourtant, les Tzars, en se succédant, poursuivent indubitablement la même route.

Depuis que Pierre-le-Grand a dit : « Une fois maître du Khiva... » tous les Tzars qui lui ont succédé ont répété cette parole et ont cherché à la mettre à exécution.

Hélas ! dans notre pays, au contraire, la politique n'a aucune stabilité. Un Grand-Vésir paraît et produit une œuvre ; quelques jours après, un autre le remplace, change, bouleverse, brise tout ce qu'a fait son prédécesseur. Et, l'un après l'autre, tous ces rénovateurs culbutent la chose établie par le devancier, pour avoir l'air de justifier leur droit d'être au pouvoir.

Rien de durable, rien de constant, rien de sûr, rien de positif.

Tandis que la Russie agit précisément comme dit le proverbe arabe : « *Men thébété nébété.* » L'homme, comme la plante qui reste au sol où elle a pris racine, croît et s'élève.

Deuxième remarque : La plupart des écrivains qui traitent de l'expédition au Khiva connaissent peu l'Asie centrale ; et ne connaissent pas davantage le progrès que la Russie et les Anglais ont fait depuis peu de temps dans cette partie du monde.

Il y a des écrivains qui prétendent dire de quelle manière la Russie veut occuper la vallée du Seihon, et qui ne savent pas que cette vallée était déjà tombée, depuis plusieurs années, aux mains de la Russie.

Ils prétendent également que l'expédition au Khiva doit toucher directement à la question d'Inde, et ils parlent comme s'ils ignoraient où est l'Inde, où est Khiva.

Troisième remarque : La Russie et l'Angleterre paraissaient diviser, depuis quelques années, les Musulmans de l'Asie : ainsi, l'Angleterre, il y a peu de temps, est venue occuper Ode, Népal, Cachemire, Pentchab, Pichaver ; de son côté, la Russie est venue occuper la vallée du Seihon et du Zerefchan, envahissant Tachkent, Khodjend et Samarkand jusque vers Bédakhchan.

Et maintenant si, d'après la demande des Anglais, on achève la frontière de Hindoukouh, il arrivera que cette partie de l'Asie sera divisée entre les Anglais et les Russes ; et que les Musulmans d'Orient seront, une seconde fois, séparés de ceux d'Occident.

Quatrième remarque : Les Russes et les Anglais dominent les Musulmans, non avec indifférence, mais avec calcul, artifice. Car ils ont profondément étudié l'art de dominer ces peuples. Ainsi, ils disent par expérience : 1° Qu'il ne faut point toucher à la religion musulmane; 2° qu'il faut soutenir, aux tribunaux avec une entière justice, les droits civils des Musulmans.

Tant que l'on continuera à respecter ces deux points, les Musulmans ne regretteront nullement d'être tombés au pouvoir des Russes et des Anglais. Je ne fais ici que répéter ce qu'ils disent eux-mêmes.

Nous entrons en matière :

Turkestan. — Il faut d'abord observer que la Russie vint établir, en 1865, un nouveau Turkestan. Cette province est bornée au nord, par la Sibérie et les Kirguis; au sud, par Boukhara, Bedakhchan, Khokand et Kachghir; à l'orient, par le Mogol; à l'occident, par l'Aral. En 1867, elle était divisée en deux parties, mais depuis qu'elle a pris Koldja, elle se trouve divisée en trois parties, savoir :

Nouveau Turkestan.

1re Seihon Deria :	512,330 kilom. carrés.	865,464 habitants.
2me Iedi Deria	375,500	486,937
3me Koldja :	71,225	114,337
	959,055	1,466,735

Voilà le Turkestan d'aujourd'hui. Quand on vous parlera de celui-là, ne le prenez pas pour l'ancien.

Khokand. — Le Khanat du Khokand n'existe plus guère aujourd'hui que de nom. Khoudaïar-Khan ne gouverne que sur une petite partie de l'ancien Ferghaneh ; c'est-à-dire depuis les sources du Seihon jusqu'à six lieues en deçà de Khodjend. Et encore, n'a-t-il cette prérogative que par le bon vouloir de la Russie. En 1864, la Russie déclara la guerre au Khokand et prit Tachekent (70,000 hab.), Khodjend (50,000 hab.), Oura-Tépé, Zamin, Dizek, et les environs de l'Ak-Tagh.

Aujourd'hui la Russie domine tous les pays riverains du Seihon, depuis six lieues au delà de Khodjend, jusqu'à l'embouchure du fleuve dans l'Aral. Le nouveau Khokand reste donc cerné par la Russie, au nord, à l'orient, et à l'occident. Il a pour limites, au sud, le pays d'Atalik-Ghazi.

Dans le temps des hostilités avec la Russie, les Kaptchaks détrônèrent leur Khan, Khoudaïar, en l'accusant de trahison ; et ils mirent, à sa place, Molla-Khan qui fut renversé à son tour, et remplacé par son fils.

Mais Khoudaïar-Khan, après s'être vu détrôné, courut en Russie chercher un appui pour retrouver la vaine gloire à laquelle il tenait tant. Le commandant en chef du Turkestan le réinstalla sur son trône, malgré les Kaptchaks. Le fils de Molla prit alors la fuite et se retira à Kachghir où il resta.

Il est évident que les Musulmans de l'Asie centrale ne trouveront aucun appui auprès de Khoudaïar-Khan, qui doit son trône à la Russie et dont l'État est cerné de trois côtés par l'adversaire.

En 1868, la Russie fit signer à Khoudaïar-Khan un traité de 2 1/2 pour 100 droit de douane. Et ce traité ouvrit, au commerce russe, toutes les villes du Khokand. En conséquence, un consul russe fut établi dans la capitale.

Si l'on considère l'abondance qui règne dans ce pays, en soie, en coton, en fruits, et le bon marché des denrées, on comprendra combien la Russie jouit des avantages que procure ce coin de terre.

BOUKHARA. — Le Boukhara, de même, reste sans force; et n'existe uniquement que parce que la Russie le ménage pour l'empêcher de rechercher l'alliance du Khiva.

Pendant la guerre de 1866, l'émir de Boukhara, Mouzafferu-Ddin qui fit une levée en masse de 25,000 hommes contre la Russie, fut vaincu. Et l'avant-garde russe s'approcha jusqu'à vingt lieues de la capitale. Mouzafferu-Ddin signa alors, à contre-cœur, le traité commercial exigé par l'ennemi.

En 1870, la Russie pénétra entre Boukhara et Khokand, après qu'elle eut envoyé, sous le commandement du général Ambroff, une seconde armée qui occupa la vallée orientale de Zerefchan et Samarkand en descendant sur Bédakhchan.

BEDAKHCHAN. — Prenez une carte, voyez les pays situés au sud de Samarkand : Takharistan, Bédakhchan et Condouz (1), jusqu'à Kouh-Hind; ces terres bornées à l'orient par les hauteurs de Bolor, à l'occident par Boukhara, appartiennent depuis 1859 à l'Afghanistan. Nous pouvons dire que l'Émir de Boukhara ne fera point alliance avec l'Émir de l'Afghanistan, parce

(1) On écrit *Condouz*, mais c'est un mot corrompu de *Quhendiz*.

que le premier réclame toujours son droit de souveraineté sur le pays compris entre Belkh et Feizdabad.

L'Angleterre qui demande, depuis trois années, une frontière contre l'avancement de la Russie, s'est, cependant, entendue avec celle-ci pour démarquer cette ligne du Nord de Kouh-Hind; c'est-à-dire entre Belkh et Bedakhchan avec le cours du Djeihon.

On peut comprendre maintenant que cette demande de frontière, de la part de l'Angleterre, ne touche nullement à l'expédition des Russes dans le Khiva.

L'agence Rutter publia, le 26 janvier 1873, un télégramme à peu près conçu en ces termes : « Abdu-Rahman est venu occuper Hisar; et Seïd-Isa-khan, Chehrabad; ils ont fait de ces deux places le point central du mouvement. » Mais les nouvelles, arrivées postérieurement de Russie, nous prouvent qu'Abdu-Rahman se trouvait le 27 janvier à Samarkand.

On nous permettra quelques observations sur ce lieu choisi par l'Angleterre pour y établir la frontière.

Primo : Si l'on eut établi une frontière avec le cours du Djeihon, que fussent devenus Bedakhchan et Hisar ? La Russie serait-elle libre d'occuper ces cent trente lieues du Nord au Sud ? S'il en était ainsi et que la frontière fût établie entre les Russes et les Anglais, toutes relations entre les Musulmans d'Orient et ceux d'Occident seraient coupées.

Il est à remarquer que ce beau centre qui s'étend depuis le détroit de Gibraltar jusqu'à la Chine a été totalement occupé par les Musulmans Sunnis. Mais, par malheur, au Xe siècle de l'Hégire, la dynastie Safavi, en innovant en Perse la secte des Chyis, suscita une séparation territoriale entre 200,000,000 de Musulmans.

Et voilà comment, aujourd'hui, une nouvelle séparation pourrait survenir par la jonction des Russes et des Anglais,

Secundo : Le pays situé au Sud de Samarkand dépend depuis 1859 de l'Afghanistan. Mais la Russie ne veut pas reconnaître cette dépendance.

Comment, dans cette alternative, les Anglais agiront-ils, eux qui protégent l'Afghanistan ?

Et dans le cas où les Anglais soutiendraient la cause des Afghans, jusqu'à quel point s'opposeraient-ils aux Russes ? Prendraient-ils les armes ? Discuteraient-ils ?...

Tertio : En admettant que, par l'accord des deux États, ce pays, situé entre le Djeihon et Samarkand, reste neutre, comment agiraient les Anglais dans le cas où surviendraient quelques hostilités entre les Euzbeks et les Russes ? Et si, un jour, les Euzbeks attaquaient les Russes, l'Angleterre ne serait-elle pas responsable ?

Il serait utile que nous nous occupassions du nouvel empire qui vient de se constituer au centre de l'Asie et qui s'étend jusqu'aux confins de la Chine, c'est-à-dire un parcours à pied d'environ six mois.

On sait qu'il y a, à l'orient de la Caspienne, plusieurs États qui forment la frontière du sud de la Russie. Ce sont : la Turkmanie, le Khiva, la Bukharie, le Bedakhchan (de l'Afghanistan) et le Khokand.

Il y a, au sud du Khokand, une terre qui commence aux hauteurs de Bolor, et va toujours s'élargissant vers l'orient. Ce pays, peuplé de Turcs Musulmans, forme le nouvel empire que nous voulons traiter. On le nomme aujourd'hui l'empire du Kachghir. On l'appelle encore l'empire du Yarkent (1), ou bien l'état de Tchian-Shan ; quelquefois même on lui donne le nom du prince fondateur : empire de Iakob-Bey ; ou bien le titre de ce fondateur : Empire de l'Atalik-Ghazi.

Nouvel empire de Kachghir.

Ce pays est borné, au nord, par le Khokand, la Russie, le Thian-Shan et l'Altaï ; au sud, par le Ladakh de l'Inde anglaise et le Kuen-Lun du Thibet ; à l'orient, par la Chine ; à l'occident, par les hauteurs du Bolor ; c'est-à-dire que l'Atalik-Ghazi domine aujourd'hui l'ancien Decht et une partie du Mogolistan.

Cette contrée, il y a peu d'années, était encore sous la domination de la Chine qui la divisait en deux parties, savoir : au nord, le Thian-Shan-Pelou ; au sud, le Thian-Shan-Nanbou. Les habitants sont Musulmans et l'on y parle la langue turque. Ce pays a essuyé plus de révolutions que nul autre. Depuis quinze siècles, il a changé quinze fois de dynastie. Les principales villes sont : Yarkand (2) Khotin, Oroumtchi, Ak-sou, Kachghir, Ieti-Chehr (sept villes). Malheureusement Ili et Koldja qui étaient comme les clefs du

(1) Nom d'une des villes principales et future résidence de l'Ambassadeur d'Angleterre.

(2) Le *Kand* final des noms de ville est corrompu de *Kent* qui signifie : *ville*. Peut-être le mot anglais : *county* n'est pas étranger à ce mot turc.

Turkestan chinois et les points nécessaires pour la position géographique d'Atalik-Ghazi, viennent de tomber entre les mains de la Russie qui occupa ces villes de prime abord et sans résistance.

Voyons, maintenant, comment s'y prit Iacob-Bey pour fonder cet état :

En 1758, le Faghfour de Chine, Khan-Long, conquit, dans le nord du Thibet, les Mogols, les Alouts, les Kalmouks et les autres. Et pour extirper l'Islamisme de ce pays, il en chassa les savants et les nobles. Ces derniers, depuis cette époque, se réfugièrent à Khokand et à Bedakhchan, et ne perdirent aucune occasion pour reconquérir leur pays.

En 1864, les Dunguens d'Ili se révoltèrent; et, après être restés maîtres de Koldja et de Korgos, ils chassèrent, à leur tour, les Chinois. Enfin, ces révolutionnaires du nord s'unirent aux révolutionnaires du sud, qui étaient déjà soulevés depuis un an contre les envahisseurs.

Au milieu de tous ces événements, les Kirghis de Thian-Shan descendirent de leurs montagnes et conquirent la ville de Kachghir, après un siége de seize mois. Mais la forteresse seule résista; et elle demeura aux Chinois.

On conçoit facilement qu'il fût alors urgent que toutes ces peuplades éparses eussent un chef habile et vaillant qui les réunît sous ses ordres et leur fît achever la conquête. Ce chef, on le trouva : ce fut Iacob-Bey, homme juste, courageux et digne de ses ancêtres. Iacob-Bey partit donc de Boukhara en compagnie de Khodja-Buzurk, pour se placer à la tête des révoltés.

On peut aussi comprendre la difficulté de réunir,

sous un seul commandement, toutes ces peuplades, Dunguens, Tarandjis, Kirghis qui combattaient chacune de leur côté, et voulaient chacune jouir du bénéfice de la victoire. Cependant Iacob-Bey en vint à bout par son courage, sa libéralité, sa justice, sa simplicité. Et, la facilité avec laquelle il emporta d'assaut la forteresse de Kachghir le plaça très-haut dans l'estime du peuple.

Une fois l'unité établie entre ces peuples, et Iacob-Bey reconnu pour chef, le guide de celui-ci, Khodja-Buzurk, qui avait assisté et aidé Iacob-Bey dans toutes ses opérations, vint lui dire adieu en lui adressant ces paroles :

« Tu es digne du poste que tu occupes. Voilà ton autorité établie. N'oublie jamais que le devoir t'oblige à débarrasser des envahisseurs la terre patrie. Que le Dieu suprême te fasse réussir ! »

Il partit et se retira à la Mecque. Par suite, l'Émir de Boukharie que l'on considère, dans l'Asie centrale, comme Imam des Musulmans, accorda à Iacob-Bey, avec ses félicitations, le titre de Atalik-Ghazi, par lequel on le désigne aujourd'hui. Les Arabes l'appellent, cependant, Sultan-Suleiman.

Cependant, la Russie ne perdait pas de vue l'occasion d'attaquer les vallées d'Ili et de Koldja.

Atalik-Ghazi, dans cette circonstance, n'ignorait pas qu'en se tournant du côté de la Russie, sa force fût amoindrie du côté de la Chine. C'est pourquoi, sagement, il ferma les yeux et resta impassible. Les Russes, quand même, trouvèrent le moyen de venir occuper ce fertile pays.

Atalik-Ghazi fut limité par les montagnes glaciales et volcaniques, et dut, à contre-cœur, s'en contenter.

Après qu'il eût fondé cet empire d'Islam, il songea à établir des relations commerciales avec l'extérieur. Il regarda d'abord du côté de l'Angleterre qui est, à juste titre, appelée la reine des mers et domine, dans l'Inde, 40,000,000 de Musulmans. Il envoya, à trois reprises, des ambassadeurs aux Anglais pour faire traité de commerce avec eux. Mais l'Angleterre, avec sa politique sérieuse dans laquelle il entre souvent de la lenteur, ne se hâta point de reconnaître ce nouvel Etat. Tandis que du côté du nord, les Russes, toujours doués d'une politique active, après qu'ils furent entrés dans le Koldja, envoyèrent à Kachghir, le 21 juin 1870, un ambassadeur avec des cadeaux.

Cet ambassadeur était le baron Kolbar, à qui le gouverneur général du Turkestan, Koffmann, avait donné plein pouvoir pour conclure le traité.

Atalik-Ghazi reçut cette ambassade avec une grande simplicité et, en même temps, avec une politesse pleine de dignité.

Le traité fut conclu. L'ambassadeur retourna auprès du général Koffmann pour le lui faire signer. Et celui-ci le signa le 9 avril 1872. Iacob-Bey y apposa son sceau, le 8 juin. Il y fut décidé qu'un consul russe habiterait la capitale, et que le commerce serait facilité entre les deux pays.

Ce traité fut semblable à celui qu'avaient fait les Russes avec la Chine, le 2 novembre 1860. Il ne diffère pas de celui qui fut signé par le Khan de Khokand et l'Émir de Boukhara.

Une fois que le traité de Kachghir fut conclu, la jalousie de l'Angleterre commença à se manifester. Car les Russes qui viennent de tous les côtés du Turkestan, et surtout le Tachkent, pour faire du commerce avec ces grandes villes de 150,000, 120,000, 100,000 habitants, exportent, en très-grande quantité, la soie, la laine, le coton et l'or. C'est pourquoi les Anglais, depuis deux années, ont cherché des ouvertures auprès de Iakob-Bey ; et ils ont réussi.

Ajoutons que ces jours derniers, Mars 1873, le vice-roi de l'Inde conclut les préliminaires d'un traité de commerce avec l'ambassadeur d'Atalik-Ghazi, lequel passait par l'Inde pour se rendre à Constantinople.

D'après ce traité, l'Angleterre enverra un chargé d'affaires à Yarkand, et Atalik-Ghazi en enverra un à Calcutta.

DEUXIÈME PARTIE

Le Khiva.

---

§ I.

POSITION GÉOGRAPHIQUE DU KHIVA.

Le Khiva est connu, dans nos anciens livres, sous le nom de Khorzem. (1) C'est une oasis au milieu des déserts et des steppes, comme une île au milieu de l'Océan.

Cette oasis est bornée, au nord, par le lac d'Aral; à l'est, par les Kirghis et le désert qui le sépare du Boukhara (sud-est); au sud, par le désert qui le sépare des Tekehs (sud-ouest); à l'ouest, par le grand désert qui s'étend jusqu'à la mer Caspienne.

Résumons: L'oasis de Khiva a une étendue de quarante lieues, de l'est à l'ouest; et quarante-cinq, du nord au sud. Toutefois, dans les déserts qui l'environnent, on trouve encore d'autres oasis, quelques plages habitables, et, surtout près de la Caspienne, et

(1) Un poëte arabe écrit *Khowarezm;* cette orthographe a été malheureusement adoptée par les Arabes et, après, par les Européens. Mais le véritable mot est composé de *Khor* qui signifie: *abject;* et de *Zem* qui veut dire: *tribu*.

vers la frontière du Khorasan, des cours d'eau dont les rives sont habitées par les Turkmans.

Ces Turkmans : Tekehs, Manghichlaks, Tchavdours et Hasan-Ili; les Karakalpacks qui habitent le nord-est du Djeihoun, et les autres Turkmans qui habitent les frontières de Khorasan sont, pour la plupart, sous la domination du Khan de Khiva.

Conséquemment, nous pouvons dire que l'État de Khiva s'étend, au nord, jusqu'aux steppes des Kirghis ; au sud, jusqu'à Khorasan et l'Afghanistan ; à l'est, jusqu'à la Boukharie ; et à l'ouest, jusqu'à la Caspienne.

L'oasis du Khiva est donc défendue par des fortifications naturelles : le désert. Ce désert ne peut être franchi que par les chevaux et les chameaux des Turkmans.

Le Khiva est arrosé par le Djeihoun. Et les pluies y sont très-rares.

Ce Djeihoun que nous nommons ainsi dans nos livres, les Euzbeks de Khiva l'appellent Emin-Daria (la mer fidèle) ; les Européens, Amou-Daria ; les Persans, Abi-Amou. Nous ne croyons pas que ce mot *Amou* soit une altération du mot *Emin* ; mais nous pouvons affirmer que c'est le nom d'une ville située sur les bords du Djeihoun appelée Amul. Or, les Persans peuvent bien avoir pris un nom de ville pour le donner au fleuve.

Quelques anciens livres nous disent également que le Djeihoun, après avoir séparé l'Iran du Touran, va se jeter dans la mer Caspienne.

Nous reviendrons sur ce sujet. (p. 48 et suiv.)

Le Djeihoun est un fleuve large et profond. A quelques endroits, il a de six à huit cents mètres de large. Il se jette dans l'Aral par plusieurs embouchures, dont la division a lieu à quelque distance du lac. On prétend que l'eau fournie par la plupart de ces branches ne dépasse pas la hauteur du ventre d'un cheval.

Si cette assertion est vraie, il nous est permis de dire que la flottille russe qui séjourne dans l'Aral ne peut pas entrer dans le Djeihoun, à moins que ce soit à l'époque de la crue des eaux.

Les Khiviens ont ouvert, dans leur pays, un très-grand nombre de canaux dont les proportions géométriques étonnent jusqu'au ravissement. Les principaux ont une largeur de trente-six pieds; et ont des écluses qui fonctionnent avec une facilité surprenante.

Ajoutons que des lacs ou réservoirs ont été creusés en de certains endroits, afin qu'en cas de sécheresse le pays pût être suffisamment arrosé.

On dit même qu'il y a, sur le Djeihoun, des ponts qui aspirent l'eau, afin de la répandre au loin sur les terres. (1)

Les Khiviens font du commerce avec Boukhara, au moyen de radeaux et de grands bateaux sur le Djeihoun.

On trouve, dans les canaux, de grands sazans (espèces de carpes).

Ce pays n'est pas montagneux. Il ne renferme que

(1) Les talents des Khiviens pour leurs ponts-écluses ont surpassé l'art des Égyptiens, à tel point que ceux-ci pourraient prendre, sur le Djeihoun, beaucoup de leçons utiles pour leur fleuve du Nil.

Jusqu'au grand Mehemmed-Ali qui gouverna l'Égypte après avoir été élu par le peuple, personne n'avait encore songé à faire monter l'eau du Nil par les ponts. Et celui que le Pacha fit construire pour cet usage était encore bien insuffisant.

Après avoir dépassé Khartoum, le Nil court vers la Méditerranée par une inclinaison de un pied et demi par mille anglais. Or, si quelques collines. La chaîne de Sary-Baba, à l'ouest du Khiva, est peu élevée. Mais, au nord-est du Djeihoun, la chaîne du Cheikh-Djelil, qui se prolonge à l'est de l'Aral, est boisée et renferme des mines d'or, d'argent, de plomb, de cuivre, de soufre, etc.

Il y a encore la montagne du Koba qui se trouve vis-à-vis du Cheikh-Djelil.

Quant à la tradition faite sur le sable d'or que roule le Djeihoun, elle est sans fondement, quoique Pierre-le-Grand eut paru convaincu de cette richesse. C'est une fable qui est restée inconnue des Khiviens eux-mêmes.

Le Khiva, pendant l'été, jouit d'une température excessivement chaude; mais l'hiver y est très-rigoureux.

Le voyage, pendant cette dernière saison où l'aquilon ne manque pas, y est surtout difficile et dangereux.

A propos de ce froid rigoureux, l'auteur de Lataïf, Imam Thealebi, a écrit cette poésie en arabe, que nous traduisons :

1. « Pour Dieu ! quel froid que celui de Khorsem,
« Quand, dans sa rage, il montre ses canines
« Et donne au corps sorte de tremblement.

l'on jetait sur le fleuve plusieurs de ces ponts organisés à l'instar de ceux du Djeihoun, il est incontestable que les digues aspireraient l'eau avec une facilité d'autant plus grande que le cours du fleuve est plus rapide.

Si l'on construisait ces digues jusqu'à une certaine hauteur au-dessus de la surface du Nil, les cataractes mêmes seraient peut-être couvertes. Dans ce cas, les eaux du Nil engraisseraient doublement le sol et les navires pourraient remonter le fleuve jusqu'à Gondokoro située entre le 4e et le 5e degré de latitude.

2. « L'astre est couvert; chacun perd patience,
« L'aquilon fend la chair sans résistance,

3, « L'eau se fait glace et de roc sont les chiens (1),
« Le Zémhérir (2) a lâché tous les siens.

4. « Et si tu veux embrasser ton amie,
« Dessus sa bouche, as la tienne engourdie.

Le climat de Khiva est très-sain. La peste et le choléra y sont inconnus.

Toutes les villes, tous les villages y sont reliés par des vignes, des bois, des vergers. Ce qui fait un jardin de quarante ou cinquante lieues, avec sa prodigieuse quantité d'arbres fruitiers et ses majestueux saules de Babylone.

Dans les steppes du Khiva, il y a des loups, des renards, des chacals en grand nombre. On y voit aussi une espèce de rat de la grandeur du chat ordinaire et qui a les pattes de devant plus courtes que celles de derrière, avec le poil noir. Ce rat vit dans le sable.

On y voit encore beaucoup de cerfs et de djirans.

Les oiseaux de chasse, comme l'aigle et le faucon, y sont nombreux.

L'oiseau le plus apprécié des chasseurs est la caille.

(1) *Chien pétrifié*, d'après la copie. منحجر Mais d'après l'édition de Knenen, منجحر il faut traduire : chien entre *dans sa tanière*.

(2) Le grand froid de Février.

§ II.

POPULATION.

Les habitants du Khiva sont divisés en quatre peuples : Sartes, Euzbeks, Turkmans, Kara-Kalpaks.

Les Sartes. — Ils sont d'origine persane. Les anciens habitants de Belkh, de Boukharie et de Khiva étaient tous, autrefois, des Sartes. Seuls, les Euzbeks les nomment ainsi ; mais les Mogols les appellent Syracs. Eux-mêmes s'appellent Tadjiks. (1)

Les Sartes habitent dans les grandes villes et dans les villages importants. Ils s'adonnent au commerce et font l'usure. Toute leur intelligence s'épuise au lucre ; et la ruse est le point dominant de leur caractère. On les évalue au nombre de 110,000.

Les Euzbeks. — Les mots Euz, Ghouz, Oughouz ont la même origine. On les appelle Euzbeks du nom de leur Khan Euz-Bey, très-connu, très-célèbre.

Les Ouighours, les Ottomans, les Madjars (Hongrois), sont originaires de la nation Turque-Euzbek.

Aujourd'hui, trois millions et demi d'Euzbeks gouvernent Belkh, Boukhara, Khokand, Boulout-Dagh et Khiva.

Les Euzbeks de Khiva sont aujourd'hui composés de quatre tribus :

1° Les Ouighour-Naymans.

2° Les Kaghuily-Kaptchaks.

3° Les Kiat-Konkurats.

4° Les Nigus-Manghets.

(1) Les Deutchs, dans leur origine, n'étaient pas étrangers aux Tadjiks.

Aujourd'hui la dynastie régnante est celle des Kiat-Konkurat.

On peut évaluer ces quatre tribus à 70,000 âmes.

Les Turkmans. — Quelle est l'origine de ce nom? D'après Nechri, historien ottoman, ce nom se compose de Turc et de Iman, et signifie Turcs Mouhammedans. Il est probable aussi que ce nom soit composé de Turc et de Koman, c'est-à-dire Turcs de la montagne du Koman.

Aujourd'hui, les Turkmans de Khiva, qui habitent dans les villages et les fermes, sont évalués au nombre de 150,000.

Les Karakalpaks. — Une partie d'entre eux sont pasteurs dans le Transoxiane; les autres cultivent la terre au sud de l'Aral. Ceux-ci sont évalués à 120,000.

Outre ces quatre peuplades, il y a dans le Khiva 50 ou 60,000 esclaves, prisonniers de guerre: Persans, Kurdes, Russes. On estime le nombre de ces derniers à quatre ou cinq mille.

Quelquefois les Kirghis, en faisant la guerre aux Russes, amènent leurs prisonniers de guerre à Khiva et ailleurs pour les vendre. Et du côté du sud, les Turkmans, en livrant la guerre aux Persans, font de même.

Parmi les Russes esclaves au Khiva, il en est qui ont accepté la religion de Mouhammed et qui se sont mariés avec des Musulmanes. Il en est même qui sont devenus les favoris du Khan. Enfin, on trouve parmi les esclaves persans qui ont renoncé à la secte du Chyi des employés au service du gouvernement.

Lorsque les Khiviens achètent des esclaves russes

amenés par les Kirghis, et des esclaves persans amenés par les Turkmans, ils fixent une rançon. Celui qui paie cette rançon devient libre ; soit qu'il paie sa rançon par son travail, soit que ses parents lui viennent en aide.

Chaque Russe, bien constitué, coûte au marché 80 tilas.

En admettant qu'il existe aujourd'hui, dans le Khiva, cinq mille Russes esclaves, c'est donc un effectif de cinq millions cinq cent mille francs. (1)

Pour conclure, nous dirons que toutes les populations du Khiva qui se trouvent directement sous la domination du Khan sont à peu près de 500,000.

En dehors de ces populations, il y a encore les tribus des Turkmans.

Nous en donnons la statistique :

(1) L'esclavage a été, à l'origine de la religion musulmane, un châtiment de l'idolâtrie. Mais depuis, l'esclavage devint le tribut que la force imposa à la faiblesse.

Dans la haute Asie, l'usage de vendre les prisonniers de guerre éveilla, dans chaque soldat, le désir de capter son ennemi vivant au lieu de le tuer pendant le combat. Cet usage servait du moins à épargner le sang.

Or, si cette coutume, réputée barbare parmi les civilisés, n'existait point aujourd'hui chez les Kirgbis, les cinq mille Russes, prisonniers dans le Khiva, ne vivraient plus à l'heure qu'il est. Il est de notoriété publique que les esclaves tombés entre les mains des Musulmans ne souffrent pas comme chez les autres.

Il y a quelques années, aux États-Unis, les prisonniers étaient forcés de travailler avec l'anneau rivé au pied.

Au temps de la République de Cromwell, en Angleterre, on a vendu, dans le marché de Londres, six mille Ecossais royalistes pour les faire travailler, en Amérique, dans les plantations anglaises.

Situation.	Tribus.	Tentes.
1° Du Mangichlak vers Khiva.	Les Tchavdours et les Hassanllis	8,000
2° Balkan vers Khiva.	Les Atas.	1,000
3° Sur les bords de l'Etrak.	Les Tekehs.	30,000
4° A l'orient de Tekeh.	Les Salors.	4,000
5° Près de Tekeh.	Les Sariks.	30,000
6° A l'orient de Salor.	Les Eimirilis	3,000
7° Sur les bords de l'Etrak et de Djurdjan.	Les Yamots.	40,000
8° Dito.	Les Guklans.	40,000
9° Vers la Boukharie.	Les Ersaris.	100,000
10° Dito.	Les Sakars.	20,000
11° Vers le Khorasan.	Les Oïmaks.	80,000
		343,300

En comptant au moins cinq personnes par tente, cela fera un million sept cent treize mille cinq cents têtes.

Un million d'entre ces gens sont placés sous l'influence du Khan de Khiva. Ce nombre, joint au précédent, fera donc monter la population à un million et demi.

Principales villes du Khiva.

Khiva. — Cette capitale et résidence du Khan est à 140 lieues d'Astrabad. Elle est bâtie entre deux canaux du Djeihoun. Elle possède deux enceintes fortifiées, de forme carrée. — Chaque face de l'enceinte intérieure est de 650 mètres; ce qui fait un tour de 40 minutes, environ. Il y a cinq quartiers et trois portes dans cette enceinte. Et le palais du Khan est situé près de la porte d'Orient. Le tour de l'enceinte extérieure est de 1 h. et 40 minutes environ.

Elle est pourvue de neuf portes et de cinq quartiers.

La ville de Khiva contient dix quartiers, quatre mille maisons, dix-sept Djiami (mosquées à Minber), vingt-deux médressés (écoles supérieures), deux cent-soixante magasins, deux karvansérais, et vingt mille habitants.

Tous les bâtiments sont en briques, excepté deux Djamis, un médressé et la Bourse qui sont en pierres de taille.

Le grand Djami, avec son minaret, est d'une architecture admirable.

La ville de Khiva a été la terre natale du savant Ebul-Djenab-Ahmed, fils de Omer, fils de Mohammed. Il mourut, environ, l'an 610 de l'Hégire. Cette ville est aussi le berceau du savant Chehabuddin qui fut, pour ainsi dire, le maître de tous les savants du temps de Mohammed-Khorzemchah. Aucun juge, aucun interprète des lois n'était nommé sans l'adhésion de Chehabuddin.

Ourguendj. — Quelquefois on l'appelle Gurguendj. Elle est connue des géographes arabes sous le nom de Djurdjaniyeh. Elle était autrefois la capitale de l'empire de Khorzem. Cette ville était regardée comme l'une des métropoles de l'Asie et pouvait s'asseoir au rang de Bagdad et de Boukhara. Au temps de Khorzem-Chahan, elle était tellement peuplée que le sultan Mohammed, fils de Tekech, s'y étant retiré après une défaite, en sortit le lendemain avec un renfort de 30,000 cavaliers, bien équipés.

Les plus célèbres philosophes musulmans sont sortis de l'université d'Ourguendj.

Le savant Zamakhchary y mourut en 538 (1148).

Mais, dira-t-on, où donc était située cette fameuse Ourguendj ?

On pourrait, à tenter une telle recherche, éprouver beaucoup d'embarras. Ainsi, Blathery nous parle d'une capitale du Khorzem, nommée Fil, la même qui fut conquise par les Arabes au IIe siècle de l'Hégire.

Iakout mentionne la ville de Fil, dans son dictionnaire géographique, et prétend qu'on la nomma par la suite Mansoureh. Et il ajoute que c'était Ourguendj.

Les auteurs du Kanoun, de l'Etval et du Takvim, et, surtout, Tousy et Oulough-Bey nous citent deux Ourguendj : une nommée Kubra (grande), l'autre Soughra (petite). — Tousy et Oulough-Bey placent Kubra au 42e deg. 17 m. de latitude et au 77e deg. 30 m. de longitude (mér. de Paris) ; et Soughra au 42e deg. 35 m. de latitude et au 76e deg. 45 m. de longitude.

Tandis que Ebul-Ghazy, Khan de Khiva, ne parle que d'une seule Ourguendj ; et en consultant les géographies modernes, on trouve Ourguendj près de Khiva.

On comprend que de telles divagations puissent causer beaucoup d'embarras.

Or, comme on va le voir, je suis sorti de ce pas difficile.

En recueillant la version de chacun, j'établis qu'il y avait autrefois trois Ourguendj successives : la première est la ville de Fil ou Mansoureh, bâtie, dans l'antiquité, sur la rive orientale du Djeihoun, et minée par les eaux du fleuve, comme nous l'apprend Iakout.

C'est aussi la Ourguendj Kubra de Tousy et d'Oulough-Bey, située au 42e deg. 17 m. de latitude.

La deuxième est Ourguendj-Soughra située au 42e deg, 35 m. de latitude. Ses ruines sont connues aujourd'hui des géographes modernes. C'est aussi l'Ourguendj mentionnée par le Khan de Khiva. Ce Khan ne s'occupe nullement de la précédente qui était alors démantelée depuis longtemps.

La troisième est ce que les géographes modernes nous montrent près de Khiva, c'est-à-dire une Ourguendj de fraîche date. On la nomme aujourd'hui Yeni-Ourguendj.

Cette nouvelle Ourguendj est le centre de tout le commerce de Khiva. On y voit beaucoup d'hôtels et de magasins. Toutes les marchandises que les Khiviens exportent de Boukharie et d'autres contrées du sud, pour les transporter en Russie, s'arrêtent à Ourguendj.

Ses rues, ses bazars sont toujours encombrés de commerçants, de crieurs, de chameaux, de ballots, etc., comme les cités marchandes de l'Europe.

On estime sa population à 30,000 âmes.

Kat. — Cette ville fut, dans l'antiquité, la terre natale de plusieurs savants et la résidence de logiciens et de philosophes distingués. Elle était située sur la rive orientale du Djeihoun. On la mentionne sous les deux noms de Kath et de Khorzem. Le savant Zamakhchary, dans son ouvrage de Rebiulebrar, fait le tableau de cette cité et monte ses louanges jusqu'à un très-haut degré. Il va même jusqu'à citer un passage de Mohammed que celui-ci prononça en faisant lui-même le panégyrique de cette ville. Aujourd'hui, elle n'existe plus. Mais, sur la rive occidentale du Djeihoun on en a construit une nouvelle. C'est au commerce qu'elle doit toute son importance, et surtout à son célèbre bazar de chevaux Kirghis.

Zamakhchar était, autrefois, un des villages de Kat, l'ancienne.

Hézar-Esb. — Elle est située entre deux canaux du Djeihoun. La savante et vertueuse Rahma, fille d'Ibrahim, était de cette ville et y mourut en 268 (881).

La forteresse d'Hézar était autrefois fameuse par sa construction qui la rendait imprenable. Nous voyons dans l'histoire que Etsiz-Chah, battu par les Mogols, chercha un refuge dans cette ville forte.

Aujourd'hui, le canton auquel elle appartient peut donner au Khan de Khiva 2,000 hommes de cavalerie, bien équipés.

Suvat. — Est un centre de commerce avec les Kirghis. Elle est peuplée de deux mille âmes.

Gurlan. — Est assez célèbre par son commerce.

Il y a, en différents lieux du Khiva, beaucoup de *Kasrs* (châteaux), appartenant au Khan. Chacun de ces *Kasrs*, fortifié et entouré de faubourgs bien peuplés, peut passer pour un gros village. Ainsi sont Kaptchak, Konakdar, Ak-Saraï, Khan-Kalasi, etc.

Les fermes des émirs et des Jnaks forment également un village fortifié.

§ III.

HISTOIRE.

En l'an 28 (648), Abdullah, fils d'Amir, fut nommé, par le khalife Othman, gouverneur de Bassora et fut chargé de répandre l'Islamisme dans l'Orient. En l'an 30, il entra en vainqueur dans Khorasan et y conclut la paix avec les souverains de Transoxiane.

Au temps de Yezid, fils de Mouaviyeh, les peuples de Khiva, moyennant un tribut de 400,000 dirhem (drachmes), vinrent faire la paix avec Salim, fils de Ziad et gouverneur de Khorasan.

Ce Salim administrait les bassins du Djeihoun au moyen des Moukataa (fermes) (1).

Lorsqu'Hadjdjadj fut nommé vice-roi à Khorasan et Irakeïn (deux Irak, de Perse et d'Assyrie), Yezid, fils de Mehleb, fut envoyé par lui contre Khorzem qu'il vainquit.

Au temps où Kouteïbeh, fils de Muslim-Bahily, fut nommé vice-roi de Khorasan, une guerre fut déclarée entre Kharzad, Khan souverain de Khiva et son frère. Ce dernier, en se déclarant vassal de Kouteïbeh, demanda à celui-ci assistance contre Kharzad.

Kouteïbeh envoya donc une armée, sous le commandement de son frère Abdurrahman, contre Kharzad.

(1) Comme tous les canaux appartiennent à l'État, tous les cultivateurs doivent payer la consommation. Par conséquent, cet usage a fait naître des fermiers qui achètent, en gros, au gouvernement et qui vendent, en détail, au peuple.

Et Kharzad fut vaincu et tué dans le combat. Son frère le remplaça. Mais les Khiviens, auxquels il ne plut pas, se révoltèrent après quelque temps et le tuèrent.

Alors Kouteïbeh nomma son propre frère, Abdulla, Khan de Khiva. C'est de cette date que le Korzem tomba directement aux mains d'un chef arabe musulman et resta dépendant du Khorasan.

Voyons, maintenant, à quelle époque les Turkmans arrivèrent dans le Khorzem.

Les Turcs habitent cette contrée de l'Orient depuis les temps les plus reculés. Mais nous ne parlons ici que de ce qui eut lieu depuis l'Islamisme.

Tout d'abord, disons que les Turkmans, les Oughouz, les Euzbeks sont des Turcs de la même famille.

Les Oughouz qui, dans l'antiquité, habitaient entre le Seihoun et le Djeihoun, renoncèrent à leurs images et à leurs dogmes, pour se faire Musulmans, entraînés à cette réforme par leur Khan. Cela arriva en l'an 350 (961).

Ce Khan, appelé Salour qui, avec deux mille familles, venait d'embrasser l'Islamisme, prit, après sa conversion, le nom de Kara-Khan. Et, d'après Néchry, il nomma tous ses prosélytes Turkmans.

Il est bon de noter ici que ce nom de Turkman n'est pas un nom de race comme on l'a présumé.

Les Turkmans musulmans vinrent donc, après cette conversion, s'établir à l'orient et à l'occident de la mer Caspienne. C'est pour cette cause qu'on les désigne encore sous les noms de Turkmans orientaux et Turkmans occidentaux.

Après Kara-Khan, son fils Mousa-Khan lui succéda

et réunit autour de lui les savants, les cheïks, et établit des mosquées, des écoles, des tekiehs dans son empire.

Après sa mort, lui succéda son oncle Boughra-Khan, dit Haroun, qui étendit ses états jusqu'à Kachghir, Blasaghoun et la Chine. Haroun, en 389, prit la Boukharie à Samaniyeh lequel était d'origine persane.

Après Haroun, vint Ahmed, fils de Ebi-Nassr, fils de Ali-Khan.

Ahmed fit la guerre à tous les idolâtres et fut cause que beaucoup d'entre eux embrassèrent l'Islamisme.

Après lui, son frère Arslan-Khan, dit Ebul-Mouzaffer, qui fut célèbre sous le titre de Cherefuddevleh, conquit, en 409, toute la Transoxiane, jusqu'à la mer Caspienne. Il mourut en 423.

Iousuf-Kadir-Khan, fils de Boughra-Khan, lui succéda.

Ce prince, voyant l'Islamisme solidement assis dans le pays, cessa de l'instituer au moyen du sabre. Il établit la tolérance, en se conformant au verset du Coran qui dit :

« Point de contrainte en religion. La vraie route se distingue assez de l'erreur. »

Le fils de Iousuf lui succéda. On l'appelait Kadir-Khan. Il fut empoisonné avec son frère en 438.

Il y a un proverbe turc qui dit : « Si la tête n'existe pas, les pieds ne fonctionnent point, » de même les Turcs, n'ayant plus de chef, tombèrent dans l'inertie. C'est alors que Dogmatch-Khan, souverain de Samarkand, profita de cette inertie et s'empara du trône des Kara-Khan.

Chems-ul-milk, fils de Ilk-Khan, fils de Dogmatch-Khan, épousa la fille de Alp-Arslan Seltchoky et donna sa sœur Turkan en mariage à Melekchah. De la sorte, la dynastie de Dogmatch et celle de Seltchok furent réunies.

Arrivons maintenant à la célèbre dynastie des Khorzem-Chahan qui établirent la royauté à Ourguendj.

Le premier d'entre eux fut le turc Nouchtekin qui fut nommé Schah de Khorzem, par les Seltchoukides. Ses descendants établirent leur indépendance et s'étendirent jusque dans l'Irak et dans la Transoxiane en 490 (1096).

Neuf Schahs se succédèrent au pouvoir dans l'espace de cent trente-huit années.

Alâu-Ddin, entre autres, après qu'il fut entré dans la Transoxiane, y éteignit le nom des Khalifes Abbassides.

La famille de Khorzem-Chahan se croisa ensuite avec la branche des Kaghnily : Tekech-Schah ayant épousé Turkan, fille d'un chef de cette branche, elle lui donna un fils qui devint le célèbre Sultan Djelaleddin, sous le règne duquel la plupart des Kaghnily embrassèrent l'Islamisme et fournirent, au Sultan, une armée de cinquante ou soixante mille hommes.

Djelaleddin, afin de les récompenser, choisit les principaux d'entre eux pour en faire des Padichahs du Turkestan et de la Boukharie.

Ce Djelaleddin, qui fut le dernier des Khorzemchahan, doit être regardé comme un des plus grands souverains du monde. Son empire s'étendait, au sud, jusqu'à l'Hindoustan; à l'orient, jusqu'à l'ancien Turkestan ; à l'occident, jusqu'à l'Asie-Mineure.

Le grand-père de Osman-Ghazi, Suleiman-Chah qui devait être plus tard le fondateur de l'Empire ottoman, était le fonctionnaire de Djelaleddin, et lors de l'invasion des Mogols, il fut gouverneur du Merv.

L'époque la plus brillante pour les sciences, les arts, l'industrie dans le Iran et le Khiva, fut le règne de ce Djelaleddin. Et la célèbre famille qui fonda, en 1213, le gouvernement de Delhi dans l'Hindoustan et y resta jusqu'en l'an 1398, appartenait aux Khorzem-Chahan, de Khiva.

D'après les historiens Degin et Ghibon, la dynastie ottomane qui gouverne aujourd'hui Constantinople, est descendante des Khorzemians.

Mais, après Khorzem-Chahan, le Khiva perdit une seconde fois son indépendance et fut comme une province soumise au Khorasan, recevant de lui un gouverneur et demeurant conséquemment dépendante de Kaptchak.

Au IXe siècle de l'Hégire, en Transoxiane, une nouvelle dynastie se forma des descendants de Genguis-Khan. Cette dynastie est connue sous le nom de Euzbekiyéh ou Chibaniyéh ou Chibékiyéh. Ce sont les enfants de Ebulkhair lequel était un descendant de Chiban.

Cet Ebulkhaïr, en épousant la sœur du célèbre sultan astronome Oulough-bey, s'allia à la famille de l'illustre Timour-Link (Tamerlan). Il eut un fils nommé Chahboudak; et l'enfant de celui-ci, Chah-bakht, poëte et littérateur distingué, prit le titre de son bisaïeul Chiban (1).

Au temps de Ebulkhaïr, parut Iadiguar-Khan des-

(1) Dans l'histoire ottomane, on donne le titre de *Ghahbakht* à Ebulkhaïr; et celui de *Chibek* à un autre. Je trouve cette assertion tout à fait erronée.

cendant de Genguis-Khan. Ce sont les enfants de Iadi guar qui fondèrent la royauté de Khiva.

Cette dynastie demeure ignorée des historiens ottomans et des Européens. Et si Ebulghazi-Khan, de Khiva, n'eut pas écrit, au XVIIe siècle, son livre de généalogies, elle fut demeurée inconnue jusqu'au jugement dernier.

L'ignorance dans laquelle sont restés les Historiographes, et la tâche que je me suis imposée en commençant la description du Khiva, font que je dois ici entrer dans quelques détails au sujet des descendants de Iadiguar.

Dans ces notes, je m'occuperai des relations qui existèrent entre les sultans ottomans et les Khans des Euzbeks.

La dynastie Iadiguar dans le Khiva et les relations des Ottomans avec les Euzbeks.

Iadiguar, fils de Timur-Cheikh, fils de Hadji-Touli, fils de Arab-chah, fils de Mengau, fils de Timur-Khan, fils de Badacle, fils de Djudji-Khan, fils de Genguis-Khan.

Iadiguar eut quatre enfants : Bourka, Eboubek, Amnik, Iiak.

Bourka, dans quelques guerres, servit sous les ordres d'Ebulkhaïr, comme commandant en chef. Il fut célèbre par son courage. Chahbakht le tua par surprise, après lui avoir accordé toute sa confiance.

Laissons-les pour le moment.

Au temps d'Ebulkhaïr, Khorasan et Khorzem dépendaient de l'empire du sultan Huseïn-Mirza. Mais, après la mort de celui-ci, Chah-bakht prit, des mains du successeur, ces deux pays, et envoya à Khorzem un *darouga* (vice-roi). Cinq ou six ans après, Ismaïl, Schah de Perse, conquit à son tour Khorasan.

L'histoire nous apprend assez comment Chah-bakht avait été tué au combat de Merv et comment le Schah Ismaïl avait fait une coupe du crâne du vaincu.

Disons seulement qu'après cet événement, Khorzem tomba au pouvoir d'Ismaïl qui y envoya trois *Darougas;* l'un à Khiva, l'autre à Ourguendj et le troisième à Vezir.— Le nom du *Darouga* d'Ourguendj était Subhan-Kouli, originaire d'Arabie; le *Darouga* de Vezir se nommait Rahman-Kouli. J'ignore le nom du troisième.

Lorsque Rahman-Kouli arriva à Vézir, il donna aux grands un banquet auquel Kadhi-Omer n'assista point, se faisant excuser pour cas de maladie.

Mais le lendemain du festin, Kadhi-Omer appela chez lui quelques convives de la veille, et leur dit :

« Je vous félicite pour les *serupas* (1) que votre nouveau gouverneur vient de vous offrir, et surtout pour votre nouvelle religion.

—De quelle religion voulez-vous donc parler, observèrent les grands ?

— Ignorez-vous à quelle nouvelle religion appartiennent votre nouveau souverain et son gouverneur? »

Ils jurèrent qu'ils ne savaient rien et ajoutèrent :

« C'est à celui qui gouverne Khorasan de nous envoyer un *Darouga*. Quant à une nouvelle religion, nous n'y avons point songé.

(1) Robes d'honneur données par les princes.

— Il y a treize ou quatorze ans que le Schah Ismaïl se convertit à la foi nouvelle, foi qui émane de l'erreur. »

Et, après avoir témoigné contre cette croyance naissante, il reprit :

« Jusqu'à ce jour, le *Darouga* a évité de vous parler de la nouvelle secte, car il se sent peu fort, à cause de la suite peu nombreuse qu'il a amenée. Mais, dans quelque temps, il sera renforcé par la Perse ; et, après avoir converti vos *vieillards* (anciens du pays), il vous obligera à injurier les disciples de Mouhammed. (1). Alors, quand il vous aura soumis à la secte nouvelle, il forcera le peuple et tuera qui ne se rendra pas. Or donc, si dès aujourd'hui vous n'y prenez pas garde, vous porterez atteinte à votre religion qui tombera.

Kadhi fit cette menace, parce qu'il était instruit de tous les massacres que le Chah Ismaïl dirigeait, en Asie, contre les Sunnis.

Les grands de Vezir pensèrent à chasser leur *Darouga*. Mais, quelques années s'écoulèrent sans qu'ils pussent en venir à bout. A la fin, ils appelèrent Husameddin, homme très-courageux et de bonne lignée. Ils le prièrent de vouloir bien se mettre à leur tête et ils lui dirent :

« Soyez notre Padichah. Et massacrons les Kizlbachs (Chyis).

Husameddin répondit :

« Si le peuple m'accepte aujourd'hui pour Padichah, il me renverra demain. Mais si vous voulez faire un acte juste et solide, vous nommerez, à ma place, un

(1) Cette secte Chyi, qui a été fondée par le Chah Ismaïl et qui existe encore en Perse, n'a pour base que d'injurier les Eshabs.

homme digne de vous que j'enverrai quérir et que je vous présenterai.

Le peuple demanda :

« Qu'est-ce que cet homme et comment l'appelez-vous ?

Husam, qui faisait souvent des excursions parmi les Euzbeks, et qui connaissait leurs familles nobles, énuméra au peuple les mérites de Ilbars-Khan, fils de Bourka-Khan. Et il eut le bonheur d'être compris et approuvé.

On envoya donc à Ilbars une députation pour lui offrir la royauté.

Ilbars, accompagné de son jeune frère Balbars et de sa suite, arriva près de Vezir. Et pendant la nuit, le peuple se souleva et massacra, sans merci, tous les Chyis ainsi que le Darouga.

Le lendemain, le nouveau roi Ilbars fut acclamé avec une grande allégresse.

En ce temps-là, la province de Vezir n'était qu'un petit canton renfermant, avec sa capitale Ville-de-Vezir, les deux villes de Ieni-chehr et de Tersek.

Il faut remarquer ici que les Euzbeks ayant à leur tête Ilbars, descendant de Genguis-Khan, entraient au Khiva pour la première fois.

C'est donc en 911 que commença la dynastie d'Ilbars, fils de Bourka, fils de Iadiguar.

Après avoir organisé son gouvernement, Ilbars-Khan partit de Vezir pour Ourguendj, afin d'en chasser le *Darouga* persan appelé Subhan-Kouli.

A cette occasion, un combat eut lieu devant Ourguendj, parce que les habitants de cette ville, satisfaits de leur *Darouga*, voulaient le conserver, et allaient même jusqu'à accepter la nouvelle croyance. Mais ils furent défaits et Ilbars-Khan entra chez eux en vainqueur.

En ce temps-là les enfants de Iadiguar, qui résidaient à Boukhara, moururent tous.

Les enfants d'Eboubek et d'Amnik (1) vivaient dans l'attente d'un meilleur sort. Ilbars leur envoya une députation pour les inviter à venir habiter le Khiva. Ils y arrivèrent donc avec leurs tribus. Ilbars leur donna Ourguendj; et lui-même se retira à Vezir, dont il fit sa capitale.

Les enfants d'Amnik marchèrent sur le Khiva — Hezar-Esb et le conquirent en chassant les Persans. Puis, ils prirent Kat, ainsi que quelques villes des environs de Khorassan, depuis Merv jusqu'à Déroun. Ils commencèrent donc à gouverner, de la frontière est de Khorasan, à Astrabad. Le Khiva fut divisé politiquement en deux parties : une qui s'étendait de la frontière de Khorasan à Astrabad et qu'on nomma Dagh-boïy (c'est-à-dire la direction de la montagne); l'autre qui était le pays d'Ourguendj et qu'on nomma Sou-Boïy (c'est-à-dire cours du Djeihoun).

Les khans des Euzbeks au Khiva.

On en compte vingt-sept. Nous les donnons par ordre chronologique :

1. — Ilbars-Khan, élu en 911, était fils de Bourka et petit-fils de Iadiguar.

2. — Sultan-Hadji, fils de Balbars frère de Ilbars.

(1) La racine *amn* signifie dans la langue mogole : *âme;* la lettre K qui suit, est un diminutif qui ajoute une signification de *petit. Amnik* veut donc dire : *petite âme.*

3. — Sultan-Gazi, fils de Ilbars le fondateur.

Ces trois khans résidaient à Ourguendj. Sultan-Gazi, après avoir gouverné un an, fut destitué à cause de sa faiblesse. Et on lui donna le gouvernement de Daghboïy. Mais Din-Mohamed, fils de Avanich, fils de Amnik, le tua pour s'emparer de son gouvernement. Ce même Din-Mohamed est connu dans l'histoire comme le fondateur du gouvernement de Merv dont il établit l'indépendance.

4. — Haṣan-Kouli, fils de Eboubek.

5. — Sufian, fils de Amnik.

Remarque. — Les Turkmans des côtes orientales de la Caspienne tuèrent quarante receveurs d'impôts qui avaient été envoyés par Sufian. Celui-ci, pour punir les Turkmans, s'avança contre eux avec une armée jusqu'à l'Ebulkhan.

Le Khan de Khiva, Ebul Gazi, dans son ouvrage si connu, nous décrit, en termes étranges, la route que suivit Sufian. Il dit :

« Sufian longea le cours de Djeihoun.

« En ce temps-là, le Djeihoun, après avoir passé au
« sud du fort Ourguendj, arrivait à l'orient du Bulkhan
« dont il touchait le pied. Puis il courait longuement
« vers le sud, et tournait à l'occident jusqu'à Ougourdja
« d'où il tombait dans la mer de Mazenderan (Caspienne).
« Les deux bords du Djeihoun, jusqu'à Ougourdja,
« étaient alors bien habités et richement cultivés. On
« y voyait des arbres de toutes sortes. Ainsi de Pich-
« guah jusqu'à Kouri-Guetchit, les deux rives étaient
« habitées par les Turkmans de Adakli et de Khidhir-
« Ili ; et, depuis Kouri-Guetchit jusqu'à l'occident du

Bulkhan par les Turkmans d'Ali-Ili; depuis ce lieu jusqu'à la Caspienne par les Dévedjis. »

Ce qu'Ebulgazi nous dit est aujourd'hui très-facile à expliquer : En joignant les deux anciens lits, qui ont été vus par Abbot en 1840, à celui qui fut observé par Moraviev en 1819, nous aurons la trace du Djeihoun d'Ebulgazi (1).

Comment, à présent, ferons-nous accorder les versions de Mesoudi (2) et d'Ebulgazi dont l'un faisait tomber le Djeihoun dans l'Aral, il y a 930 ans; et l'autre dans la Caspienne, il y a 297 ans?

On a admis les deux assertions, en ajoutant que le Djeihoun se bifurquait près de l'Aral et formait là une autre branche qui allait se jeter dans la Caspienne.

(1) Le Djeihoun des Arabes était désigné sous le nom d'*Oxus* dans les anciens temps, par les Grecs. Un nombre considérable d'ouvrages ont été et seront écrits sur l'origine de cet *Oxus*. Mais, d'après moi, toutes les discussions soulevées à ce sujet sont inutiles, puisque ce mot est tout simplement du Turc signifiant taureau. Or, nous le prononçons aujourd'hui Œcus. Le mot anglais Ox n'est pas étranger à ce mot turc. C'était le nom du fleuve et du lac d'Aral que les anciens Turcs appelaient *Œcus-Sout* (l'eau du taureau.)

Voici ce que dit Pline (VI, 18) : « Ce fleuve prend sa source dans un lac appelé Oxus. » Sans doute, il veut parler de son embouchure. Mais, par son insouciance, bien connue pour la géographie, il a dit le mot source pour embouchure. (Voir pour cela : *The penny cyclopaedia*, vol. XVII, p. 107.)

Or, on peut comprendre par là que les anciens, comme Pline, ne faisaient pas tomber le fleuve dans la Caspienne, mais dans l'Aral, appelé Oxus.

Les géographes modernes, en admettant l'existence d'un autre fleuve *Ochus*, se trompent, parce que l'Oxus, l'Ochus, l'Œcus, sont le même. Quant à l'Araxès d'Hérodote, ce n'est pas cet Oxus.

(2) A Messieurs Barbier de Meynard et Pavet de Courteille, les orientalistes devront de grands remercîments, pour avoir traduit Mesoudi en français.

Mais, d'après moi, il faut admettre qu'au temps des conquérants arabes, le Djeihoun se jetait dans l'Aral et qu'à une date que nous ignorons, il se détourna dans la Caspienne. Enfin, en 1576, — d'après Ebulgazi, — il se détourna de nouveau et alla se jeter dans l'Aral.

6. — Boudjegha, fils d'Amnik.

Jusqu'à lui, nous ne trouvons aucun grand acte, qui mérite d'être mentionné. Il y eut toujours des dissensions entre les enfants des Khans.

Ceux qui étaient vainqueurs restaient dans le Khiva; les vaincus se réfugiaient à Boukhara.

Mais, Boudjegha fortifia son pouvoir jusqu'au point de faire trembler ses voisins, les Persans.

Tahmasb Chah de Perse, affaibli vis-à-vis de Boudjegha, fut contraint de rechercher son alliance. Il lui envoya donc de grands cadeaux et, en même temps, lui fit demander la main de sa fille. Mais le Khan de Khiva, n'ayant point de fille, lui offrit celle de son frère Suffian, qu'il accepta. Elle lui fut envoyée en grande cérémonie. Elle apportait une riche dot. Et elle était accompagnée par son frère Aghich.

Le Chah la reçut avec grande pompe et pria Aghich de rester en Perse, en lui offrant le gouvernement de Khandjed qu'il administra pendant 30 ans.

La puissance de Baudjegha fit ouvrir les yeux au Khan de Boukharie, Oubeidullah, fils de Mahmoud-Sultan fils de Chah-boudak, fils de Ebulkhaïr.

7. — Avanich, fils de Amnik. Sous lui, tout le Khiva resta aux enfants d'Amnik. Tous les autres princes furent chassés. Par conséquent, le gouvernement de Khiva prit une forme monarchique. Mais, Oubeidullah, Khan de Boukharie, en observant cette puissance, conçut de

la jalousie et sous le prétexte de venger Omer-Gazi qui était venu lui demander assistance en évoquant le sang de son père Sultan-Gazi, fils d'Ilbars, il fit lever tous les Khans de Transoxiane contre le Khiva. De telle sorte que Bourak-Khan, souverain de Tachkent, Djivanmerd, Khan de Samarkand, Hamza, souverain de Hissar, tous les petits-fils de Mehdi-Sultan, en un mot, les enfants d'Ebulkhaïr, se levèrent avec Oubéidullah et conquirent le Khiva.

Le vainqueur Oubéidullah livra Avanich, Khan de Khiva, aux mains d'Omer-Gazi, qui ne tarda pas à le tuer pour venger le sang de son père. Mais tout l'avantage qu'Omer-Gazi tira de ce combat n'alla pas au delà de cette satisfaction de vengeance. Car il resta dépossédé de son trône, attendu que le vainqueur Oubéidullah, au lieu de le lui restituer, partagea le domaine de la couronne des Euzbeks en quatre parties : l'une pour lui-même, la seconde pour le Khan de Samarkand, la troisième pour le Khan de Tachkent et la quatrième pour le Khan de Hissar.

Et chacun de ces Khans s'en retourna dans son pays, en laissant des administrateurs sur les terres de Khiva.

Quant au gouvernement politique du pays, Oubéidullah-Khan le confia à son fils Abdul-Aziz-Khan.

Oubéidullah, Khan de Boukharie, fut un homme avancé dans la jurisprudence et la littérature. Les savants d'Asie trouvèrent en lui un grand protecteur. Cet Oubéidullah triompha dans beaucoup de guerres contre la Perse.

Jusqu'à lui, nous n'avons aucune notice sur les relations des Ottomans avec les Euzbeks.

Le Sultan Suleiman-le-Magnifique des Ottomans établit une correspondance avec Oubéidullah et fit alliance avec lui pour enlever à la Perse le gouvernement des Chyis, c'est-à-dire des Saféwis.

En 1539, lorsque mourut Oubéidullah, Tahmasb, Chah de Perse, fut si réjoui que, dans un transport de bonheur, il fit ouvrir ses trésors aux Derviches des Chyis.

Après Oubéidullah vint Abdullah-Khan, fils de Gutchgundji-Khan, fils de Ebulkhaïr.

Abdullah-Khan resta en alliance avec les Ottomans, quoiqu'on ne l'ait point vu ligué contre les Chyis. Cependant, en 1541, lorsqu'Abdul-Aziz, qui avait régné dans le Khiva, fut monté sur le trône de ses pères, à Boukhara, les relations des Ottomans avec les Euzbeks ne se bornèrent pas à quelques échanges de bonne amitié, mais encore à des actes de solidarité urbaine, si bien qu'en 1552, Suleiman-le-Magnifique envoya à Abdul-Aziz des canons de gros et de petit calibre, avec 300 Janissaires.

Quand ceux-ci furent entrés dans Boukhara, Abdul-Aziz était déjà dans l'autre monde et son trône usurpé par Bourak-Khan (Nevrouz-Ahmd-Behader), souverain de Tachekent.

Nous trouvons, dans les correspondances des Ottomans avec les Euzbeks, quelques lettres qui furent échangées entre Suleiman et Bourak-Khan. La première, signée de celui-ci, annonce son avénement au trône de Boukharie. Une autre contient la nouvelle de l'arrivée de trois cents Janissaires avec des canons. Elle renferme encore des excuses que fait le Khan sur son retard à accorder son assistance à Suleiman, contre la Perse.

Suleiman, dans sa réponse, mentionne l'arrivée d'un ambassadeur de Bourak-Khan nommé Koutlouk-foulad. Et cette lettre contient encore la nouvelle de la paix signée entre la Perse et la Turquie. Elle annonce aussi l'impossibilité d'échanges solidaires entre la Boukharie et la Turquie.

Nous en trouvons encore une de Bourak-Khan, envoyée par l'ambassadeur Nizamuddin-Ahme-Tchavouch. Cette lettre datée de Rebi-Ewelle, 1555, ne parle que des conquêtes de Bourak-Khan en Transoxiane et à Khorasan. Il existe une quatrième lettre de Bourak-Khan. Celle-ci n'est qu'une recommandation accordée à Cheik-Mouslihuddin-Moustapha qui allait à Constantinople pour rendre visite aux célèbres savants Mevlana-Alàuddin, Ali-Tchelébi et Yahya-Tchelebi, qui étaient de ses parents.

Nous avons trouvé une réponse de Suleiman à cette lettre de recommandation. Cette réponse datée d'Andrinople, 1er Redjeb 964, contient les sentiments de respect et d'hospitalité que Suleiman dût avoir pour le cheikh si chaudement appuyé.

Enfin il s'en présente encore une du Sultan Suleiman datée de Djumadel-Oula, 963.

Plus bas j'exposerai ma pensée sur l'adresse de cette lettre. (p. 61.)

Revenons à notre sujet :

Après qu'Oubéïdullah eut conquis Khorzem, les enfants d'Avanich, Mahmoud et Ali, ceux de Sufian, Iousouf et Ionus, celui d'Aghataï, Hadjim-Sultan, tous prirent la fuite chez Din-Mohammed à Déroun.

Mais lorsqu'Oubéïdullah eut retiré son armée, les princes réfugiés à Déroun, assistés des Turkmans, de

Khidhir-Ili et des Atas, marchèrent sur Khorzem et reconquirent Hézar Esp et Khiva. Alors, Abdul-Aziz s'enfuit d'Ourguendj, pour rentrer chez son père à Boukhara.

8. — Kal-Khan, fils de Amnik.

Dans ce temps-là, Oubéïdullah-Khan vint une seconde fois pour conquérir Khorzem, mais il échoua dans son entreprise.

Par la suite, les enfants d'Amnik envoyèrent Hadjim-Sultan à Boukhara pour négocier la paix entre les deux pays. Hadjim eut un plein succès dans son ambassade. Et, à son retour, il amena tous les princes du sang d'Amnik qui s'étaient autrefois réfugiés dans la Transoxiane.

Kal-Khan, après que la paix fut conclue, s'adonna entièrement à l'encouragement de l'agriculture et fit tout prospérer autour de lui. Ebulgazi lui accorde de grandes louanges et il dit entr'autres comme conclusion : « Grâce à notre Khan, le pain est tombé à un *poul.* »

9. — Aghataï, fils d'Amnik. Il fit sa résidence à Vezir. Son règne fut agité par des guerres civiles. Ionus, fils de Sufian, qui s'était enfui à Boukhara, étant accouru pour conquérir Ourguendj, Aghataï fondit sur lui avec l'armée de Vezir laquelle engagea la bataille devant le tombeau de Cheïkh-Kubra. Aghataï fut vaincu et tué dans la mêlée.

Les enfants d'Aghataï, qui étaient eux-mêmes gouverneurs de province, levèrent des troupes qu'ils dirigèrent contre Ionus et l'obligèrent à prendre la fuite à Boukhara. Ils tuèrent son fils Kasim-Sultan pour venger Aghataï.

10. — Dost-Mohammed, fils de Boudjagha. Ce fut un homme doucereux, dévot et faible. Il fit de Khiva sa résidence, et laissa Ourguendj aux enfants d'Amnik.

Son frère Ich-Mohammed-Sultan, qu'Ebul-Gazi avait représenté comme un homme sans foi, mais courageux, marcha à deux reprises sur Ourguendj; et fit, sans succès, la guerre aux enfants d'Amnik. Mais, la troisième fois, il entra par surprise dans Ourguendj. Les princes enfants d'Avanich venus de Khorasan, Ali-Sultan, venu du Nisa, tous se liguèrent contre lui. Une guerre s'alluma entre Ourguendj et Vezir, et dura des mois entiers.

Enfin les princes eurent le dessus et reprirent Ourguendj. Le siége avait duré quatre mois.

Dans ce conflit, Ich-Sultan fut tué par un de ses *Neukers* qui satisfit une vengeance personnelle.

Tous ces malheurs ayant été attribués à la faiblesse de Dost-Mohammed-Khan, on le mit en jugement et on le tua.

Ensuite, on nomma Hadjim-Sultan Khan de Khorzem et l'on donna Ourguendj, Hézaresb et Kat à Ali-Sultan, celui qui passait ses hivers à Ourguendj et employait l'été à guerroyer contre la Perse. Il ravagea maintes fois Astrabad et Khorasan.

Cheref-Khan nous apprend comment cet Ali-Sultan défit, à Astrabad, en 1557, le corps d'armée de Tahmasb commandé par Bedr-Khan.

Ali-Sultan mourut en 1568.

11. — Hadjim-Khan, élu en 1561, avait trente-neuf ans quand il parvint au pouvoir. Son véritable nom est Hadji-Mouhammed. (1)

(1) Les Euzbeks ont l'habitude de retrancher quelques lettres d'un

A cette époque, le célèbre Abdullah-Khan, fils de Iskender-Kan, fils de Djan-bey-Sultan, fils de Khodjam-Khan, fils de Ebulkaïr-Khan, vint conquérir Khorzem. C'est, dans l'histoire, un héros fameux par ses exploits. Il fut aussi un des Chibekyéh (dynastie des Euzbeks) qui firent alliance avec les Ottomans contre les Perses Chyis. Son pouvoir date de 1582. Mais Cheref-Khan nous dit qu'en 1576, Abdullah-Khan avait déjà établi l'indépendance de son pouvoir et entrepris ses conquêtes. Cet auteur nous certifie qu'à cette date, 1576, Abdullah emporta Zaveh, massacra les Kizilbachs (Chyis) et assiégea Turbet. La retraite de ce conquérant, effectuée après 20 jours de siége, n'aurait été due qu'au désaccord survenu entre les princes alliés.

En 1585, Abdullah-Khan passa le Djeihoun et conquit tout le territoire qui s'étend depuis Bedakhchan jusqu'à Belkh. (1) Il renversa la dynastie des Gurguanyeh qui avaient gouverné le pays pendant 230 années.

En 1586, un accord s'étant établi entre le Sultan des Ottomans et Abdullah-Khan contre les Perses, Ferhad-Pacha envahit les villes de Karabagh, tandis qu'Abdullah envahissait Khorasan.

En 1587, Abdullah entra une autre fois dans Khorasan et massacra les Kizilbachs. La même année, son fils Abdulmumin conquit Hérat.

Devant toute cette gloire d'Abdullah, le Schah de

nom composé pour l'abréger. Ainsi, Ebul Mehemmed Khan (fils de Din Khan), par l'abréviation devient Ebul Khan. De Nour Mohammed, on fait Nourum; de Khodja Mehemmed, on fait Khodjam.

(1) Cette ligne est celle sur laquelle les Anglais et les Russes veulent établir une frontière.

Perse, pressentant qu'il serait bientôt écrasé entre les Ottomans et les Euzbeks, chercha par toutes les bassesses possibles à obtenir la paix avec les Ottomans.

Enfin en 1589, le Schah signa un traité par lequel il jurait fidélité aux Ottomans. Et comme caution, il donna, à Constantinople, le prince Haïder-Mirza son neveu.

En 1588, Abdulmumin conquit Mechhed, massacra les Kizilbachs, et établit son gouvernement dans Belkh.

En 1589, Abdullah, en massacrant de nouveau les Kizilbachs de Khorasan, marcha contre le Schah. Mais de l'autre côté, les Ottomans signèrent la paix avec la Perse et commencèrent à redouter la puissance croissante d'Abdullah.

En 1590, Abdullah, de nouveau, marcha sur la Perse et, pendant six mois, il conquit Nisabour, Sebzvar, Esferaïn, Mahoulat, Ton, Djinabad Caïn, Tabs, Ferreh, Sistan, Hézar.

Nous croyons que si le Sultan Murad fut resté le fidèle allié d'Abdullah, et qu'il n'eut pas été trompé par l'imprévoyante politique de Ferhad-Pacha, les Chyis du XIXe siècle n'existeraient pas. Et la Russie ne trouverait pas, aujourd'hui, une alliée contre les Musulmans Sunnis.

Nous voyons, dans les correspondances des Ottomans, une lettre d'Abdullah au Sultan Murad III. Cette lettre, datée de 995 (1586), annonce son avénement au trône des Chibanyéh ; et Abdullah y donne le temps comme très-favorable à une attaque dirigée contre les Persans Chyis.

L'ambassadeur, porteur de cette lettre, fut fêté et acclamé dans tout Stamboul.

Abdullah voulut, en 1588, renouveler ce fait, en envoyant un nouvel ambassadeur. Mais comme la paix avec les Perses était en négociation, il n'eut aucun succès.

Parlons maintenant d'une chose plus importante.

Nous trouvons encore une lettre du même Abdullah, datée du 12 Rebi-Ewel 1003, et remise au Sultan avec des cadeaux parmi lesquels on remarque un Koran, une Khamséi Nizami (poésie), et une Chahnameh (Histoire des Perses en poésie) (1), tous ces manuscrits en magnifique calligraphie; puis des fourrures de zebeline et d'hermine, ainsi que des peaux d'agneaux mort-nés.

Abdullah-Khan annonce, dans cette lettre, sa victoire sur Hadjim, Khan de Khiva. Il y fait valoir le service qu'il rend au Sultan et il s'étend sur la façon avec laquelle il châtie les Khiviens.

Nous cherchons quel intérêt pouvait avoir pour le Sultan de Constantinople cette victoire d'Abdullah contre Khiva; et quel service il a pu rendre à la Sublime-Porte en châtiant les Khiviens.

Et nous ne trouvons pas, dans l'histoire ottomane, de réponse à cette question.

Mais voici que le Khan de Khiva, Ebulgazi, nous l'explique, quand il mentionne les trois causes pour lesquelles Abdullah fut entraîné à conquérir Khiva :

Dans la première, il dit : le Padicha de Roum (2), en apprenant la puissance d'Abdullah-Khan, lui envoya un ambassadeur nommé Pialeh-Pacha, en lui annon-

(1) Cette Chahnameh contient 60,000 rimes en langue persane. Un poète turc de Constantinople composa une autre Chahnameh en vers turcs, ouvrage de 72 volumes.

(2) Les Turcs et les Arabes nomment ainsi le Sultan de Constantinople.

çant que lui le Padichah marcherait d'un côté et que Abdullah marcherait de l'autre ; et qu'ils enlèveraient Cheikh-Oughlou (1).

Abdullah accueillit parfaitement le ministre.

Cet ambassadeur, Pialeh-Pacha, qui avait mis trois années par la voie de l'Inde, pour arriver chez Abdullah, était dans l'intention de retourner en quatre mois, en allant d'Ourguendj à la Turkmanie (2); de la Turkmanie, par la navigation, à Chirvan ; de Chirvan à Constantinople. Mais lorsqu'il fut à Ourguendj, Mohammed-Ibrahim-Sultan, fils de Hadjim-Khan, lui confisqua tous ses biens, ne lui laissant que le strict nécessaire. Et il le fit conduire, par ses hommes, à Manghichlak, où Pialeh-Pacha s'embarqua pour Chirvan.

L'auteur ajoute : Quand Abdullah entendit ce qui était arrivé à l'ambassadeur de son allié, il entra dans une grande colère, qu'il secoua sur Ourguendj.

Maintenant nous pouvons expliquer comment Abdullah-Khan, après avoir vaincu les Khiviens, fit tant valoir ses services auprès du Sultan.

Abdullah-Khan se jeta trois fois sur Khiva :

La première fois, il éprouva de la résistance et fut contraint de battre en retraite depuis Yeni-Aric (nouveau canal.)

La deuxième fois, en 1592, les habitants d'Ourguendj se rendirent. Et Abdullah prit Khiva après avoir tué trente-deux princes, descendants de Iadiguar. Dans

(1) C'est ainsi que les Turcs d'Asie nomment la dynastie Safavis de Perse, parce que cette dynastie descend de Cheïkh-Safi.

(2) Par ce nom, il entend le lieu où fut la ville de Mangischlak (l'ancienne), importante comme forteresse, mais riche seulement de 700 maisons.

la mêlée, Hadjim-Khan et ses fils, ainsi que ceux de Poulad-Sultan, prirent la fuite vers Deroun dans le Khorasan, c'est-à-dire, vers la seule cité qui lui restât. Toutefois Hadjim, au bout de trois ans, put reconquérir Khiva.

C'est alors qu'Abdullah vint, pour la troisième fois, fondre sur le pays et, de nouveau, chasser Hadjim qui, cette fois, se réfugia, avec ses fils, chez Abbas, Schah de Perse, et y demeura jusqu'à la mort d'Abdullah arrivée l'an 1597.

Il est bon de noter qu'un des fils de Hadjim, nommé Sevindj, ne suivit pas sa famille en Perse, mais se réfugia à Stamboul auprès du Sultan, où il demeura jusqu'en 1598.

Comme nous l'avons dit plus haut, Abdullah fut un des plus grands souverains connus. Les Euzbeks de Boukhara le considèrent comme descendant de Chiban. Mais ceux de Khiva le regardent comme descendant de Iadiguar. Ils prétendent que quand Burka, fils de Iadiguar, fut tué par Chah-Bakht, sa femme était enceinte de deux mois et que l'oncle de Chah-Bakht, nommé Khodjam-Sultan, épousa la veuve de Burka. Cette femme, après sept mois de mariage, accoucha donc d'un enfant mâle, qui porta le nom de Djanbey. Celui-ci eut pour fils Iskander-Khan qui fut le père d'Abdullah-Khan.

Ebulgazi ajoute pour preuve à l'appui : « Nos anciens nous disent que l'aïeul d'Abdullah était du sang de Burka. »

Les mêmes Khiviens prétendent encore qu'Abdullah avait épousé la fille de Din-Mohammed, lequel fut un des Sultans de Khiva et gouverneur de Merv; et que de cette union naquit le fameux Abdul-Mumin.

D'après Ebulgazi, Abdullah et Abdul-Mumin moururent en 1597. Et là se termina leur dynastie.

Au terme de cette dynastie, Boukhara tomba aux mains des fils d'Ejder-Khan, descendant de Bato et en 1786 Boukhara retourna aux Euzbeks.

Après la mort d'Abdullah, Hadjim rentra donc en possession de son trône. Et Nourum-Khan reprit Merv qu'il avait donné à Abdullah.

Hadjim mourut en 1602.

Nous avons parlé plus haut d'une lettre adressée à « *Vezir, Hadjim Khan-ibn Agataï* » par Suleiman-le-Magnifique, datée de 963. (1555).

On voit la copie de cette lettre dans le supplément à l'ouvrage de Féridon, n° 49.

Les historiens ottomans supposent que cette lettre fut adressée au Vézir de Bourak, Khan de Boukharie; selon moi, elle le fut à Hadjim, fils d'Aghataï, et l'un des Sultans de Khiva. Dans ce dernier cas, le mot *vézir*, qui figure en tête de l'adresse, pourrait être celui de la ville qui porte ce nom et qui est située dans le Khiva.

Là se bornent mes observations, la copie n'étant pas entre mes mains. En somme, cette lettre prouve que des correspondances existaient entre Stamboul et Khiva, même au temps de Suleiman.

Ce n'est pas avec la date stipulée sur cette lettre, qu'on peut nous contredire, car Hadjim existait en 963; il avait alors trente-trois ou trente-quatre ans et était vice-Khan de Bagh-Abad, dans le Khorasan.

12. — Arab-Mohammed-Khan, fils de Hadjim-Khan. Il fut nommé en 1011 (1602).

Pendant dix-neuf ans qu'il régna, l'infortuné eut à traverser des troubles intestins, des orages de toutes sortes. Une fois, il fut attaqué par Khusrev-Sultan, descendant de Ilbars, qui arriva du Haut-Oxus pour réclamer son droit souverain. Ensuite, il fut inquiété par Salih-Sultan, descendant de Hasan-Kouli, fils d'Eboubek. Puis, il fut agressé, tour à tour, par les Russes et les Kalmouks. Enfin, il eut à redouter deux de ses fils, Djebech et Ilbarse, qui se soulevèrent contre lui et le firent prisonnier avec ses trois femmes et deux petits enfants. Mais ce ne fut pas tout : les fils révoltés contre leur père ne se contentèrent pas de le tenir captif; ils allèrent plus loin et le tuèrent, ainsi que les femmes et les petits enfants retenus avec lui. Cet événement eut lieu en 1030 (1620).

Ses autres fils, Isfendiar, Ebulgazi et Chérif-Mohammed s'étaient réfugiés, le premier, chez les Chah-Abbas et les deux autres à Boukhara.

Il y eut, à la suite de ces catastrophes, deux années d'anarchie dans le Khiva.

13. — Isfendiar, fils de Arab-Mohammed, nommé Khan en 1032 (1622).

Ce prince, accompagné d'une petite armée de trois cents Persans et d'une certaine quantité de Turkmans du Tekéh et du Yamout, marcha contre ses frères Djebech et Ilbarse. Comme il agissait contre les mauvais procédés de frères coupables et que, dans cette action, il avait des droits acquis, l'estime publique l'assista et le soutint. Ses frères furent donc vaincus et tués par lui.

Sous ce règne, nous trouvons les autres Khanats de l'Asie centrale ainsi occupés :

Ichim-Khan dans le Turkestan.

Toursoun-Khan dans le Tachkent.

Imam-Kouli-Khan dans Boukhara.

14. — Ebulgazi-Béharder-Khan, fils de Arab-Mohammed.

L'auteur de Chedjereh avança son livre jusqu'à l'année 1644. Son fils Anocheh le compléta jusqu'en 1663 (1).

Ebulgazi, dans son ouvrage, nous apprend qu'il est né en 1014 (1605). Son père avait fait partie de la guerre qui eut lieu contre les Russes, lesquels venaient envahir Ourguendj. Et c'est ainsi que le père avait pris le titre de *Gazi* (2). Quand le fils était né, on l'avait nommé Ebulgazi (Père du Gazi).

Je crois que notre auteur aurait dû se nommer Ibn-Gazi. Mais comme il a été célèbre jusqu'à aujourd'hui, sous le nom d'Ebulgazi, nous ne devons pas altérer ce nom.

C'est en 1644 qu'il fut nommé Khan. Il remplaça son frère Isfandiar. Mais sa domination ne dépassa jamais la province d'Aral, parce qu'il soutenait les pri-

(1) Ce livre a été publié en 1725, par le gouvernement russe ; traduit en français par D***, et imprimé à Leyde en 1726. La traduction en est vicieuse, en ce qu'elle s'éloigne beaucoup de l'original. J'ai entendu dire que Ahmed Véfic Effendi vient de traduire Chedjereh, du Turc oriental, en Turc ottoman.

(2) Qui a fait la guerre aux infidèles.

viléges des Euzbeks et qu'il n'était pas reconnu par les Turkmans qui, dans ce temps, administraient le sud de Khiva.

Ceux-ci, pour lui faire plus d'opposition, acceptèrent comme chef Nedzir-Mohammed, Khan de Boukhara, qu'ils nommèrent chaque vendredi dans leurs *Minbers*.

Ce fut Echeref-Sultan, neveu d'Ebulgazi, qui fut reconnu comme représentant de Nedzir-Khan. Mais après quelque temps, Nedzir-Khan vint mettre sur le trône de Khiva Kasim-Sultan, fils de Khosrev-Sultan; puis l'attirant chez lui, il envoya un gouverneur à Khiva.

Malgré toutes ces guerres, Ebulgazi resta dans la province d'Aral. Ce ne fut qu'en 1646 qu'il parvint à occuper tout le Khiva, et après que les nobles de Boukhara eurent remplacé Nedzir-Khan par Abdul-Aziz.

Jusqu'à cette date, nous voyons le Khiva occupé trois fois par des étrangers :

1° Par Oubéïd.

2° Par Abdullah.

3° Par Nedzir-Khan.

Mais ensuite, les Khans de Khiva commencèrent à vaincre la Boukharie.

Après qu'il se fût rendu maître de l'intérieur et qu'il eût soumis les Turkmans et les Kalmouks des environs, Ebulgazi commença ses attaques sur Boukhara.

Abdul-Aziz second, Khan de Boukhara, ambitionnait l'occupation de Belkh qui était administrée par son frère Subhan-Kouli, parent d'Ebulgazi par son mariage avec la fille de Cherif. C'est à cause de cette parenté, qu'il appelait Ebulgazi à son secours contre son frère. Et Ebulgazi, sous prétexte de le secourir, conduisit son armée contre Boukhara : la première fois, en dévastant les environs de Boukhara ; la seconde, en mettant en déroute le corps d'armée d'Abdul-Aziz, en prenant le fort de Kara-gueul (lac noir), et en se retirant avec un grand nombre de prisonniers.

L'année suivante, Ebulgazi envahit le Tchar-djouï (quatre rivières) ainsi qu'Iaïdji. Ensuite, il occupa Guermina et défit l'armée d'Abdul-Aziz composée de 60,000 hommes.

Ebulgazi régna vingt-trois ans et abdiqua en faveur de son fils Anouché. Il mourut en 1074 (1663).

15. — Anouché-Béhader-Khan.

16. — Mohammed-Behader-Arangh, fils d'Anouché, nommé Khan en 1106 (1694).

Ce prince établit des correspondances directes avec les Sultans ottomans ; et des relations commerciales avec la Russie.

Nous trouvons, dans l'ouvrage de Rami, la copie d'une lettre que le Grand-Vézir Moustapha-Pacha lui adressait.

En 1717, et sous le Vézaret d'Ibrahim-Pacha, Mohammed envoya successivement, à Constantinople, deux ambassadeurs. En 1714, il avait déjà envoyé, à la cour de Russie, un ambassadeur pour établir un lien d'amitié avec le Tzar. Mais deux ou trois ans n'étaient point passés, que déjà l'armée russe, sous le commandement de Bekevitch, vint mettre le pied sur le territoire de Khiva. Et en 1717, ce même Bekevitch, le transfuge *Develet Guiraï* dont nous avons parlé et dont nous reparlerons, entrait à Khiva avec trois mille Russes qui périrent après maints combats.

Maintenant, cherchons pourquoi Pierre-le-Grand fit ces deux expéditions dans le Khiva.

Quelques historiens russes prétendent que le Tzar envoya ses armées à la recherche de la poudre d'or que roulait le Djeihoun...

Quelle dérision ! ou quelle turpitude ! !

Quelques autres assurent que ces expéditions eurent lieu pour renverser les digues que les Khiviens venaient d'élever, afin de détourner le cours du Djeihoun, de la Caspienne dans l'Aral, le Tzar voulant, à toute force, que le Djeihoun fût, au contraire, dirigé de l'Aral dans la Caspienne.

Il est vrai qu'Ebulgazi nous parle d'un ancien lit du Djeihoun vers la Caspienne, et de son détour en 984 (1576) (1), vers l'Aral. Il est encore vrai que les voyageurs modernes ont découvert ces anciens lits. Mais quelle absurdité de croire que les bras des Khiviens puissent détourner l'immense cours du Djeihoun !

Ajoutons en passant que, depuis un siècle et demi, les Russes ne cessent de répéter à chaque expédition qu'ils dirigent sur Khiva : « C'est pour détourner le cours du Djeihoun... C'est pour découvrir son ancien lit... »

Même, dans cette expédition actuelle, ils donnent de semblables raisons. Nous pouvons nous rappeler, à cet égard, que le journal officiel *l'Invalide Russe*, à la

(1) Les géographes datent ce détour de 1640. C'est une erreur, car Ebulgazi affirme que le détour du Djeihoun, dans l'Aral, était survenu trente ans avant sa naissance. Or, puisqu'il est né en 1605, c'est donc en 1576 que le cataclysme eut lieu.

fin de novembre 1872, présentait l'expédition du Khiva comme ayant pour objet *l'exploration de l'ancien cours de l'Amou-deria.* Le plus surprenant, c'est que les journaux d'Occident aient reproduit, sans la moindre observation, cet étrange article de la feuille russe. Le véritable motif du Tzar, ne le comprend-on pas bien aujourd'hui, n'est autre chose qu'UNE IDÉE DE CONQUÊTE.

Cherchons maintenant comment Bekéwitch, le transfuge *Devlet-Guiraï,* a été tué. (Voir la préface).

Les écrivains du siècle, tel que le général Moraviev, disent qu'on le fit écorcher et que sa peau servit à la confection d'un tambour. Nous avons, dans notre préface, répondu à cette assertion sans faire aucune recherche sur l'origine de ce récit. Mais ici, nous remarquons que J. Talboys, en nous racontant, dans sa géographie d'Hérodote, l'histoire de Bekéwitch, dit simplement : *Ce commandant fut tué.* Et nous voyons que cet écrivain ne fait mention, ni de l'écorchement, ni d'un supplice quelconque. Ailleurs nous trouvons l'histoire de Bekéwitch racontée par le traducteur allemand d'Ebulgazi et imprimée à Leyde en 1726. Ce traducteur dit : *Bekéwitch et son armée périrent...*

Si le supplice d'écorchement est vrai, comment reste-t-il inconnu d'un historien contemporain de ce funeste événement?

Quant à la prétendue digue du Djeihoun, on est convaincu qu'elle n'existe point. Et pour ce qui est de l'ancien lit de ce fleuve, nous en avons donné plus haut (49) une explication; et nous avons fait sur notre carte turque des remarques utiles, que nous reproduirons sur la carte française ajoutée à la fin de notre ouvrage.

17. — Ahmed-Bey-Khan.

18. — Mohammed-Emin-Khan, fils de Ahmed-Bey.

19. — Ivadz, fils de Mohammed-Emin.

Sous ces trois princes, il n'y eut que trouble et désordre à l'intérieur; et rien d'important qu'on puisse signaler.

20. — Iltedjer, fils d'Ivadz. Il ne régna qu'un an. Mais pendant cette année, il fit cesser tous les désordres de l'intérieur, apaisa toutes les discordes; et employa la force pour réunir les branches éparses des Euzbeks. Ce prince gouverna avec une autorité absolue. Il dirigea une expédition contre Boukhara. Mais il se noya en traversant le Djeihoun.

Il y eut encore, après lui, quelques années d'anarchie.

21. — Mohammed-Rahim, fils d'Ivadz.

Il fut nommé Khan en 1802. Il soumit les Kirghis. Et les Sultans de ceux-ci ne reçurent plus leurs titres que de lui.

On allègue que, dans les temps qui précédèrent Rahim-Khan, il était survenu quelques changements dans le gouvernement. Cependant nous n'avons aucune connaissance de ces changements. Tout ce que nous pouvons dire à ce sujet, le voici :

Lorsqu'autrefois l'anarchie éclatait au Khiva, les grands demandaient assistance aux chefs des Karakalpaks qui habitent à l'orient du Djeihoun. Un jour, je ne sais comment, Nour-Ali, Sultan des Kirghis, en arrivant dans le Khiva sous le prétexte d'assister le Khan, finit par usurper le trône. Cette usurpation eut lieu en l'an 1740. Une fois Khan de Khiva, Nour-Ali voulut faire de cet État une dépendance de la Russie. Mais, par la suite, les Kirghis l'ayant choisi pour Sultan, il se retira chez lui; et le Khiva reprit son ancienne indépendance.

Un fait qui excite particulièrement la curiosité, c'est que le Sultan des Kirghis, Menglou, fils de Pir-Ali, vient d'envoyer une lettre au Tzar dans laquelle il lui expose son droit au trône de Khiva, en faisant valoir sa descendance de Nour-Ali. Il supplie le Tzar de le rétablir au pouvoir. Et en même temps, il explique à l'Empereur la haine qu'il éprouve contre les Anglais, haine qu'il a conçue, dit-il, lors de son séjour aux Indes. Enfin, pour se faire bien venir d'Alexandre et conquérir ses bonnes grâces, et surtout sa complaisance, il lui promet — *s'il lui rend son trône,* — de travailler de tout son pouvoir et de toute son ardeur à chasser de l'Inde les Anglais...

Tout cela est curieux.

Mais plus curieuse encore est la gazette de Moscou (Mars 1873), dans laquelle un rédacteur accommodant tient à peu près ce langage : On blâme la Russie parce qu'elle veut conquérir l'État de Khiva... Mais, d'abord, Khiva n'est point un État. C'est un vassal de la Russie. En 1740, le chef des Khirghis de la petite horde, étant devenu Khan de Khiva, s'inféoda à la Russie...

Le rédacteur veut parler sans doute de Nour-Ali; mais pourquoi garde-t-il le silence sur Mohammed-

Rahim qui soumit les Kirghis et résista avec tant d'éclat à la Russie envahissante ?

Mohammed-Rahim soumit tous les Turkmans, les Kurds même (Colonie dans le Khorasan). Et ces Kurds lui envoyèrent une députation pour lui déclarer qu'ils se rangeaient sous sa protection.

Ce prince établit aussi une correspondance directe avec le Sultan ottoman.

En l'année 1819, le Sultan Mahmoud lui envoya un ingénieur d'artillerie et un astronome ; l'ingénieur, parce que tous les canons que Mohammed-Rahim avait jusque-là fondus dans ses nouvelles fabriques dirigées par les ouvriers russes, avaient été tellement défectueux, qu'à la première expérience, ils avaient tous éclaté. Or, ce nouvel ingénieur, venu de Constantinople, réorganisa les fabriques, fondit des canons bien trempés et fit des élèves. C'est grâce à lui qu'aujourd'hui Khiva possède des fabriques d'artillerie bien organisées.

Quant à l'astronome, ce ne fut, sans doute, pas un ignorant, car c'est à lui qu'on doit de voir les étudiants des médresséhs de Khiva vous trouver l'éclipse lunaire ou solaire au moyen d'une *baguette de tokouz*. Ce qui veut dire en termes astronomiques français : Calcul de 18 et 11.

Nizam-Djédid dans le Khiva. (1)
(Réforme ou nouvel ordre)

Ce que firent Pierre-le-Grand en Russie, et le Sultan Mahmoud en Turquie : massacres de la Milice,

(1) Ce qu'aujourd'hui on appelle RÉFORME en Russie, en Turquie et ailleurs, n'est, d'après moi, qu'un système *d'absolutisme préféré à l'anarchisme*.

massacres des Janissaires — destruction des Grands qui faisaient et défaisaient les Sultans — Mohammed-Rahim le fit au Khiva.

Avant même que Mahmoud l'eût fait à Constantinople.

Après cela, il abolit les priviléges du conquérant pour établir l'égalité entre vainqueurs et vaincus. De telle sorte que tous les avantages qu'avaient acquis les Euzbeks par leur droit de conquête, Rahim les abolit. Et pour exécuter cette réforme, il tira des Sartes son premier Vézir; des Euzbecks, un autre ministre; des Persans, un autre encore; il prit son ministre de la guerre chez les Turkmans; son chambellan chez les Russes de Khiva, nommés par suite Tanry-Kouli (esclaves de Dieu).

Lorsque Rahim-Khan eut centralisé l'administration, il organisa un Grand Conseil de Justice. Ce Conseil s'assemble chaque vendredi sous la présidence du Khan lui-même. Les membres de ce Conseil se divisent en deux classes :

La première est celle des inamovibles qui sont les quatre ministres ou Vézirs, les princes royaux, l'interprête des lois, le grand juge et les quatre chefs élus par leurs tribus. Tous les secrétaires des ministres prennent le titre de *divan-bey;* et les bureaucrates, celui de *Mirza.*

La deuxième classe est composée de membres élus par le Khan, sans que le nombre en soit fixé.

Ce Conseil de justice est nommé, d'après la langue Khivienne, *Guurinich-Khaneh* (1).

(1) Ce mot était usité chez les Tartares de Crimée pour désigner une salle d'audience.

L'administrateur de chaque ville s'appelle *Atalik*.

Le pouvoir exécutif est dans la main du Souverain. Il y a, sous lui, un Préfet de police, qu'on nomme Yasakdji-Bachy.

On appelle les agents de police Yasavouls.

Le Yasavoul ne porte pas d'arme comme à Constantinople et ailleurs, mais un bâton.

Chaque ville, chaque village, chaque tribu élit, de libre arbitre, un représentant qui se nomme Ak-Sakal (Barbe blanche ou Ancien). C'est lui qui évalue les impôts de cuisine (voir le chapitre Finances) selon les moyens de chacun. Et c'est encore lui qui en est le percepteur. Toutes les ordonnances du gouvernement sont dirigées par son entremise.

Rahim-Khan construisit et institua la Monnaie, la fabrique de poudre, celle d'artillerie. C'est lui qui organisa une armée régulière à l'Européenne. (Serbaz) (1).

Il développa le commerce entre la Russie et le Boukhara.

Il établit une douane avec un droit de 2 et demi p. 100.

Après qu'il eut fait toutes les réformes que pouvait imaginer une tête pareille, il conduisit une armée de 30,000 hommes avec 30 canons sur les côtes orientales de la Caspienne, et soumit tous les Turkmans orientaux. Il n'en resta pas un, entre la Caspienne et le Khiva, qui pût lui résister.

Il en fut de même, à l'Orient du Djeihoun, chez les

(1) Qui joue sa tête.

Karakalpaks : entre l'embouchure du Seihoun et celle du Djeihoun, il ne resta pas un seul opposant. Quoiqu'il fût demeuré en bons termes avec la Russie et qu'il eût fait avec elle échange d'ambassadeurs, il n'obtempéra point à la demande du Tzar, qui le sollicitait pour établir des colonies russes à l'orient de la Caspienne. Rahim-Khan savait pénétrer l'intention de l'Empereur et prévoyait le résultat de cette négociation.

22. — Rhman-Kouli-Khan, fils de Rahim-Kan.

Il fut un héros pour le courage et un habile homme pour l'administration. Le Khiva atteignit sous lui un haut degré de splendeur. Et l'expédition de 12,000 hommes que la Russie envoya contre lui n'aboutit qu'à une défaite.

23. — Mohammed-Emin-Khan.

La Perse s'allia à la Russie pour marcher contre lui. Il envoya néanmoins, à la cour de Pétersbourg, quatre ambassadeurs successifs pour établir, avec les Russes, des rapports de bonne amitié et des relations commerciales. Mais comment pouvait-il espérer assouvir l'appétit envahisseur du Tzar?... La Russie déclara la guerre en 1852 et, dans le mois de *Safer* 1853, son armée arriva aux portes de Khiva et fit signer par force, à Emin-Khan, le célèbre *traité dangereux* que l'on sait.

En 1855, la Perse continua avec acharnement sa guerre contre Khiva.

A Kirias, un des Turkmans, allié au Khan, le trahit et le poignarda. On porta la tête d'Emin au Schah de Perse Nasir-Uddin (Schah actuel) avec la cérémonie des anciens Achéménides (premiers Samanides).

Le poète persan Surouch, peut-être, en voulant donner au monarque de Tahran un air de *Chah-Ismaïl*, composa, sur cette tête, un sonnet de victoire. Je cite les premiers vers du prologue :

« *La tiare* (1) *de Khorzem Schah* (2) *qui veut payer*
« *son tribut avec son Eïvan* (3).
« *Est venue avec sa tête dans cette Eïvan bénie* » (4)

24. — Mohammed-Feïdh-Khan.

Il y a quelques années, Mohammed-Khan envoya des ambassadeurs auprès du sultan ; et il attendit longtemps et vainement du Padichah son investiture de Khanat.

C'est celui d'aujourd'hui. Nous verrons ses mérite dans l'expédition actuelle.

On peut conclure, par tout ce qui vient d'être dit que, en l'année 911 (1505), Ilbars établit le Khanat des Euzbeks dans Khiva et que depuis lui, jusqu'à aujourd'hui, il y a eu vingt-quatre Khans. Ces vingt-quatre Khans, joints aux trois autres qui conquirent le Khiva ; Oubéid, Abdullah, Nedzir, font vingt-sept Khans.

(1) On a fait beaucoup de recherches sur l'étymologie du mot *tiare*. C'est simplement un mot persan *tara* qui signifie astre. Comme on voit sur les médailles antiques de la Perse une couronne surmontée d'une étoile, on peut se figurer pourquoi cette couronne se nomme *tiare*.

(2) Ici le poète, par flatterie, donne à Emin le titre de l'illustre Khorzem-Chah qui conquit la Perse.

(3) *Eïvan*, qui est homonyme, signifie, dans ce sens, perle de la tiare.

(4) *Eïvan*, ici, veut dire palais.

§ IV

MONNAIE, AGRICULTURE, INDUSTRIE, COMMERCE ET FINANCES.

Avant Mohammed-Rahim-Khan, Khiva n'avait pas encore frappé monnaie.

C'est lui qui fit élever l'hôtel des monnaies. Il frappa, en or, des *Tilas*; en argent, des *Ténékés*; en cuivre, des *Kara-pouls*.

Le *Tila* entier vaut seize francs. Il est de forme ronde; et porte, sur une face, le nom de Mohammed-Rahim; et sur la pile, le millésime et le nom de la ville. A l'exergue, est une prière avec le chiffre indiquant la valeur de la pièce. Le *Tila* se divise en monnaie de compte de 14 *Abbasis*, dont chacun vaut 1 fr. 14 c.; et en monnaie courante de 18 *Ténékés*.

Le *Tila* et le *Ténéké* sont d'or et d'argent pur. Les Khiviens ne connaissent pas l'alliage pour leur monnaie.

Chaque *Ténéké* se divise en 40 *Karapouls*.

Quant aux monnaies étrangères, on accepte dans le Khiva les *Tilas* de Boukhara, un peu plus petits que ceux du pays. Les ducats de Hollande y circulent aussi. Un ducat vaut 10 *Abbassis*. — Cinq réaux et demi de Perse valent un ducat.

Mais les monnaies étrangères qui entrent dans le pays finissent par être fondues.

Les Khiviens sont aptes à la banque et aux finances. En cela, ils ressemblent particulièrement aux Juifs qui ont un talent supérieur sur le calcul et savent, à première vue, reconnnaître la fausse monnaie.

Le Khiva offre l'aspect d'un tableau vivant : les sites se ralliant entre eux par des campagnes bien cultivées, les châteaux, les jardins pressés les uns contre les autres, tout cela paraît être une immense ville unie.

Grâce au climat et aux canaux innombrables du Djeihoun, les produits sont tellement abondants, que les agriculteurs n'ont pas besoin de recourir à toutes ces machines inventées dans l'Europe occidentale.

Parmi les céréales, c'est le froment, le seigle, le sésame que l'on cultive le plus. Pour l'éclairage, on emploie généralement l'huile de sésame. L'orge et le chanvre n'y sont pas de première qualité. La culture et le commerce de la garance y sont très-importants. Les vignes et les jardins fruitiers y sont supérieurs. Les petits raisins secs, appelés dans l'Asie-Mineure *Kichnichs*, y sont exportés de tous côtés. Il y a un autre raisin grand, rond, transparent et sans grain, qu'on appelle *Sahiby*, et qui y est très-estimé et très-recherché, surtout par les peuples voisins. Les pommes et les poires y sont connues sous beaucoup d'espèces. L'amande, la grenade, la cerise, l'aigriette et la plupart des autres fruits qui existent chez nous, y sont en abondance. La bergamote y est succulente. La plupart des arbres sont des mûriers avec lesquels on entretient des vers à soie. Et après, on remarque le saule pleureur qui y est plus beau qu'en aucun lieu. Tous les légumes de l'Occident y sont abondants, excepté toutefois le chou, la pomme de terre et le navet. Le gros oignon de Khiva est célèbre. Quant à la pastèque de ce pays, elle est aujourd'hui telle qu'elle a été décrite par Thealéby et Kazviny.

On n'en trouve de semblables nulle part.

Ce sont ces pastèques de Khiva que l'on envoyait à la table du Khalife Memoun et à celle du Khalife Wathic.

Au temps des Abbassides, une de ces fameuses pastèques, enveloppée de neige et enfermée dans une boîte d'étain, allait ainsi à Bagdad et coûtait 700 drachmes.

Au Khiva, on cultive la pastèque où l'on veut, et sans empêchement d'aucun propriétaire. Celui qui veut la produire en sème la graine dans les terrains sablonneux. Mais il a soin de faire tomber cette semence à l'ombre des grosses racines d'une espèce d'ortie, appelée en langue perse *uchtur-ghar*, de sorte que l'ombre de cette racine entretient sur la graine de pastèque une humidité continuelle et qui lui tient lieu d'arrosage.

La montagne du Cheikh-Djelil fournit du bois de chauffage en quantité, ainsi que du bois de construction pour la navigation sur le Djeihoun.

Les troupeaux de chameaux, de bœufs, de moutons sont nombreux. Pour ce qui est des chevaux, chaque homme du peuple a le sien ; les riches en ont davantage.

Il y a au Khiva des fabriques, des ateliers dont les produits suffisent aux besoins de l'intérieur. On y tisse de bonne soie et d'excellent coton.

Les femmes de Khiva sont célèbres, en Orient, par leurs travaux d'aiguille, surtout celui des ceintures qui, dans ce pays-là, sont fort belles et bien ouvragées.

Le poil de chameau sert à faire des manteaux et des couvre-pieds, et fournit un tissu fort accrédité partout.

Les architectes Khiviens sont fort admirés dans toute l'Asie. Le pays n'a point de maisons de pierre, car les rives du Djeihoun n'offrent point un sol assez ferme pour supporter ce genre de constructions. A cause de cela, les architectes préfèrent le bois du saule qui borde le fleuve. Ce bois, quoique léger, se conserve longtemps, les pluies étant rares dans le pays.

Les fontes de fer suffisent aux besoins des Khiviens.

Ils n'ont point de fabriques de verrerie. C'est pour cette raison que ce genre de commerce y est si lucratif.

Leurs moulins fonctionnent à l'aide de chevaux ou de chameaux.

Ils ont considérablement de frabriques de savon, lequel par sa supériorité et son bon marché est admiré dans toute l'Asie.

Les poudrières exportent assez pour ouvrir dans le pays une importante branche de commerce.

Les foires de Khiva sont renommées. Il y en a deux par semaine dans chaque ville et dans chaque village. Celles de la capitale ont lieu le lundi et le vendredi. Toutes ces foires appellent les Turkmans et les Kirghis des environs.

Il se tient, en outre, sur les bords des canaux, des foires partielles, ouvertes pour le menu peuple.

Le principal commerce que les Khiviens ont à l'extérieur est celui de Boukhara et de la Russie. Le voyage d'une karvane de chameaux qui va de Khiva à Boukhara dure sept jours.

Les marchands Khiviens importent dans leur pays les produits de Boukhara et de l'étranger, tels que tissus, velours, soieries, coton imprimé, fil, soie, schals, porcelaine de Chine, thé, café, peau d'agneau mort-né, etc,.

La ville d'Ourguendj est considérée comme la place centrale, le magasin, la bourse de tout le commerce qui se fait dans le pays. Et c'est de ce point central que les négociants partent pour la Russie.

C'est par trois routes différentes qu'ils se dirigent chez les Russes : la première est celle d'Orenbourg, par les steppes des Kirghis. Elle prend trente-trois jours.

La deuxième est celle de Manghichlak, par les steppes des Turkmans. Elle prend vingt-neuf jours. De Mangkichlak, on va à Astrakan par la Caspienne en vingt-quatre heures, si le temps est calme.

La troisième est celle de Balkan, par la Turkmanie. Elle prend dix-sept jours. Et de la baie de Balkan, on passe sur la côte occidentale de la Caspienne.

Il faut remarquer ici que les commerçants de Khiva, pour leurs voyages, cherchent d'abord la sécurité. Ils ne se laissent jamais décourager par la longueur des routes, qu'ils préfèrent aux plus courtes, quand celles-ci offrent quelque danger. C'est ainsi qu'ils laissent la route de Balkan pour prendre celle de Manghichlak, parce que les Turkmans, du côté de cette dernière, sont alliés ou soumis au Khan de Khiva.

Les navires russes, à une époque fixe, arrivent vers Manghichlak. Les Turkmans annoncent l'arrivée de ces bateaux. Alors, les commerçants de Khiva arrivent de leur côté. Et l'on fait échange. Les marchandises de rebut sont expédiées, par ces mêmes navires, à Astrakan.

L'exportation annuelle de Khiva en Russie peut charger environ deux mille chameaux (534,000 kilogr.). Et l'importation de Russie forme à peu près douze grands colis.

Le commerce des Khiviens avec les Russes se fait, en partie, par l'échange, en partie par la vente.

L'échange embrasse le velours, le drap, le fil d'or, d'argent, le sucre, les aiguilles, les épingles, les miroirs, les rasoirs, les couteaux, les canifs, la mousseline, le papier, etc., tout cela transporté à Khiva, à Boukhara. Toutefois, ces productions ne sont pas de la Russie, mais.... de l'Angleterre.

Il y a des Khiviens qui, après avoir fait leur négoce à Astrakan, partent pour la foire de Nofgords (entre Kazan et Moscou) qui a lieu en juillet et d'autres qui partent pour la foire de Moscou.

Il y a beaucoup de marchands qui s'approvisionnent la foire de Nofgords et transportent leur marchandise à Orembourg.

Il y a aussi des Khiviens qui ont ouvert des établissements à Boukhara et en Russie. Quelques-uns d'entre eux épousent des filles Noughaï, à Astrakan, et, s'associant avec des Arméniens, donnent une grande extension à leur commerce dans le Guïlan et l'Astrabad de Perse. Ces marchands, après avoir passé quinze ou vingt ans en Russie, et être devenus riches, retournent dans leur pays de Khiva, comme font les Alanians de la Turquie.

Ajoutons, en passant, que les Arméniens d'Astrakan font souvent des dupes et ne sont pas toujours de la première délicatesse envers les Khiviens, leurs associés.

Pour ce qui est des Russes, ce sont des gens lourds, apathiques, ayant peu d'aptitude pour le commerce qu'ils ne tentent pas, en se risquant jusqu'à Khiva. Si parfois, quelques-uns sont arrivés dans ce pays, sous le prétexte d'y faire du commerce, on a lieu d'être convaincu qu'ils n'étaient que des espions. Car il leur est impossible de cacher leurs missions secrètes, vu que bon nombre de Russes transfuges, entrés dans les intérêts de Khiva, savent découvrir le but de ces coupables intrus.

Les Persans, eux, par leur incapacité commerciale et leur antipathie réciproque avec les Sunnis, ne vont point dans le Khiva.

Il nous reste à dire que le commerce des manteaux, tapis, descentes de lits, celui des chevaux, surtout, avec les Karakalpaks et les Kirghis Kaïsaks, est très-important. L'exposition des chevaux Kirghis se tient chaque année dans la ville de Kat. Ces animaux qui supportent le grand froid, la soif et la fatigue, sont égaux, pour le mérite, aux chevaux du Gurguan.

Enfin, notons encore que ce sont les Kirghis dépendants de la Russie, qui font prisonniers les Russes pour les vendre dans le Khiva.

Il n'y a pas, dans le Khiva, de finances proprement dites et telles qu'on le comprend aujourd'hui en Europe. Le Trésor de l'État ressemble au *Miriyeh* ottoman de l'ancien temps. Il se compose de huit sortes de revenus, savoir : l'impôt de cuisine, le droit de douane, le Zekat, le droit des caravanes, le cinquième du butin, tous les revenus des fermes et des forêts du Khan, tous les cadeaux offerts au Khan, l'Avaridz (impôt extraordinaire).

L'impôt de cuisine. — Il concerne tout propriétaire d'une maison qui contient une cuisine ; à moins que ce propriétaire soit forcé de servir dans l'armée. Par conséquent, les Èuzbeks et les Turkmans qui sont militaires, les ouvriers et les domestiques ne payent rien. L'impôt varie à proportion de la cuisine de chacun. Il ne dépasse pas cinquante francs par an, pour les plus riches ; et n'est pas moins de douze fr. pour la classe moyenne. Si nous admettons tous les Sartes et tous les Karakalpaks qui payent cet impôt, — cent mille, au moins — et si nous calculons, en moyenne, à raison de 25 fr. par contribuable, nous aurons un effectif de deux millions et demi.

Le droit de douane. — C'est le plus important de tous. Aussi, l'estime-t-on la moitié du trésor. La douane de Khiva ne rapporte pas moins de cinq millions de francs.

Le zekat. — C'est une charge traditionnelle qui est de deux et demi pour cent sur les troupeaux. Nous présentons ici le tableau des moutons du Zékat qu'autrefois les Turkmans payaient à Sufian-Khan :

8,000	moutons	par Turkmans des Saricks, des Tekehs et des Yamouts.
16,000	«	par Turkmans Ersaris.
16,000	«	par Salors de Khorasan.

	3,600	«	par Hasan-Ilis.
	10,000	«	par Ildours et Tchavdour.
	4,000	«	par Ouchak-Ilis.
	4,400	«	par Arab-Djys.
	13,200	«	par Guklans.
	13,200	«	par Adak-Ilis.
Total :	88,400.		

En outre, il y avait encore les Turkmans des Khidhir-Ilis et des Utch-Ilis qui habitaient autrefois les deux rives du Djeihoun (quand son cours était vers la Caspienne); et les Devedjis qui payaient leur Zékat. Mais nous n'en savons pas le nombre.

Pour aujourd'hui, cette contribution est bien de cent mille bêtes, les chameaux non compris. Le tout ne produit donc pas moins d'un million de francs.

Droit de karvanes. — Toutes les karvanes qui entrent dans la capitale doivent payer, pour chaque chameau, un demi *tila*. Or, nous pouvons évaluer à 50,000 le nombre des chameaux qui entrent dans la ville. Et nous avons une somme de 400,000 francs.

Fermes et forêts du Khan. — Les fermes du Khan rapportent plus que toute autre ferme. Et la plupart des canaux, appartenant à l'État, donnent un certain revenu.

L'Avaridz. — Si, en cas de guerre, le trésor public est insuffisant, le Khan a droit de lever un impôt extraordinaire sur le peuple. Conséquemment l'Avaridz ne chiffrera pas dans le compte du trésor.

Maintenant nous pouvons supposer les Finances comme suit :

	2,500,000 fr.	pour l'impôt de cuisine.
	5,000,000	pour la douane.
	1,000,000	pour le Zékat.
	400,000	pour les karvanes.
	2,100,000	pour les fermes et les forêts, les canaux, le cinquième du butin et tous les cadeaux offerts au Khan.
Total :	11,000,000	

Forces militaires du Khiva.

Comme nous avons dit dans notre premier chapitre que Khiva est une oasis au milieu des steppes, les déserts qui l'environnent seront donc ses fortifications naturelles. C'est grâce à sa position défensive que toutes les tribus rebelles de l'Asie y viennent chercher un abri. C'est encore pour cette raison que la population augmente sans cesse.

Chaque ville, chaque village, chaque ferme, chaque campagne est entourée d'un mur d'enceinte, garni de créneaux. Il y a, dans chaque enceinte, des magasins, des moulins, des machines, toutes les munitions, tous les approvisionnements suffisants pour que 300 cavaliers y puissent tenir longtemps.

Mais, toutes ces enceintes n'ont pas été construites pour résister à l'expédition russe; elles ont été faites, avant Rahim-Khan, comme devant servir de refuges pendant l'anarchie. Elles sont toutes de forme carrée. L'épaisseur des murailles est de quatre coudées à la base, d'une demi-coudée au sommet. Et la hauteur en est de douze coudées. Elles sont construites en terre mêlée de pierres ; et elles sont soutenues, à la base, par des étais de terre. Mais, comme à la hauteur des créneaux, il n'y a point de galerie pour les assiégés, nous ne savons pas si, en état de défense, ceux-ci ne se servent point d'échelles pour s'y tenir.

La longueur des murs, en général, est de 75 à 120 coudées. A chaque angle de l'enceinte, il y a une tour ; et chaque tour se termine en coupole.

Comme nous l'avons dit plus haut, ces murs ne peuvent pas résister à une armée régulière d'Européens. Toutefois, ils ne seront pas inutiles si, au bas, l'on creuse des fossés, et si, à la hauteur des créneaux, on construit des galeries. La cavalerie, qui y sera aménagée, y pourra faire, pendant la nuit, des sorties très-dangereuses pour les assiégeants.

Khiva, Ourguendj, Kat, Suval, Gurlean, ont toutes des enceintes.

Les murs d'enceinte de ces cinq villes ont 7 coudées à la base et 8 de hauteur. Ils sont construits en terre mêlée d'argile ; et leurs soutiens sont à l'intérieur. Ils ont des tours, mais point de fortifications extérieures.

Voilà pour les villes.

Tous les châteaux des Khans sont construits avec le même système.

Mais ces jours derniers (mars 1873), la ville de Khiva vient d'augmenter ses fortifications d'un fossé et de redoutes avancées, pour résister aux attaques de l'armée russe. Ses tranchées sont armées de 60 canons.

Le colonel russe Veninkoff dit que Khiva est une place forte; qu'elle peut résister longtemps, même à une armée régulière d'Europe.

Toute l'armée régulière du Khiva n'est que de mille hommes. Mais tous les Euzbeks, tous les Turkmans réunis, si habiles à manier les armes, composent le gros des troupes, et représentent une véritable armée bonne à combattre et bien capable de résister et de vaincre.

Notons qu'il y a aujourd'hui, au Khiva, trois mille cavaliers portant la carabine, de la dernière invention d'Europe.

En état de guerre, le Khan choisit les commandants parmi les officiers qui se sont le plus distingués. Ces commandants exécutent les ordres dans une discipline parfaite.

En cas de guerre avec la Russie, le Khan peut faire soulever, aux frontières, les Karakalpaks et les Turkmans.

En février 1873, l'armée russe attaqua les Turkmans sur le fleuve d'Etrak. Mais, ce fut peu de chose. A mesure que l'armée russe avancera sur le Khiva, elle trouvera une plus forte résistance. Et nous croyons que si le Khan de Khiva soutient la guerre, Mouzafferuddin de Boukhara se lèvera.

En mars 1873, le bruit courut que 30,000 cavaliers Khiviens se réunissaient pour résister à l'armée envahissante.

On peut croire à cette assertion, parce que depuis un demi-siècle les Khans de Khiva, lorsqu'ils marchent contre les Perses, ont toujours conduit le même nombre de cavaliers. D'autant plus que, dans une guerre extraordinaire comme celle d'aujourd'hui, le Khan de Khiva peut armer, outre les Euzbeks et les Turkmans, les Sartes et les Karakalpaks.

Il n'y a pas d'infanterie (1) dans le Khiva. Il n'y en a pas non plus dans l'Asie centrale qui, pour ce motif, tombe sans cesse au pouvoir de la Russie.

Mais les cavaliers d'Europe ne peuvent pas soutenir la lutte contre les cavaliers de Khiva. Leurs chevaux amollis par l'abondance de nourriture; eux-mêmes serrés dans leur uniforme, alourdis par la pesanteur de leurs armes, ne peuvent pas prendre la fuite devant la cavalerie légère de Khiva. Ils ne peuvent pas non plus la poursuivre en cas de succès.

En supposant que l'infanterie existât dans l'Asie centrale et qu'elle entrât en lutte avec l'infanterie d'Europe, nous doutons fort que le fantassin européen, chaussé de sa fine bottine à talon, et énervé par ses *vins fortifiants*, puisse résister au fantassin d'Asie allant pieds nus et poitrine découverte.

Comme nous l'avons dit précédemment, il existe à Khiva toutes les fabriques nécessaires de poudre. Ces fabriques ne servent pas seulement pour les besoins de l'intérieur, mais pour l'exportation.

Nous pouvons ajouter que si les droits d'amitié et de fraternité sont comptés, ici-bas, pour quelque chose, les grands de l'Afghanistan se trouvent engagés aujourd'hui à assister le Khan de Khiva devant l'expé-

(1) Le mot *infanterie*, d'après ce qu'on suppose, vient d'un mot arabe. Un Khalife de l'Andalousie étant tombé prisonnier aux mains des chrétiens, sa fille rassembla, sous un drapeau d'appel, les Arabes de la ville qui la suivirent à pied. Et victorieuse, elle délivra son père. Celui-ci, en commémoration de cette délivrance, appela cette armée *enfinti* (de ma fille). Et depuis, ce titre fut consacré pour désigner une armée à pied. Le mot *enfinti*, en entrant dans la langue européenne, devint INFANTERIE.

dition russe. Car, on ne peut oublier comment les Khiviens ont servi les grands de l'Afghanistan et comment Mohammed-Rahim accueillit naguère Chah-Mahmoud.

Mais Ali-Chir, émir de Kaboul, lui qui est protégé par les Anglais, ne peut agir et se mouvoir qu'à un signe d'intelligence des Anglais.

Un dernier mot.

Rappelez-vous que les Français, en apprenant en 1860 qu'on venait d'insulter en Syrie leurs coreligionnaires catholiques, firent une expédition à Beyrouth, en chantant la chanson trop connue : « *Partant pour la Syrie.....* »

Rappelez-vous encore que les Anglais, en 1868, pour délivrer de la prison où les gardait Théodoros, quelques-uns de leurs protégés, firent, en Abyssinie, une expédition trop coûteuse.

Nous nous rappelons aussi, nous, que les Musulmans d'autrefois faisaient de même. Un soupir avec le mot : « *Va-moutessima!* » d'une prisonnière arabe, attira dans l'Asie-Mineure le Khalife Moutessime de Bagdad avec 80,000 cavaliers pour délivrer cette plaintive esclave.

Les Ottomans ont agi de la sorte, jusqu'à l'époque de la guerre de Crimée. Même au milieu de cette funeste guerre, ils ont fait leur immixtion militaire dans la question de Kaboul et de Kandahar.

Mais depuis ce temps, la politique de la Sublime-Porte est tout autre. La patrie des savants et des philosophes, des ouvrages de qui nous nous flattons d'avoir appris quelque chose, a été occupée par les Russes. La Transoxiane n'est-elle point tombée en leur pouvoir? Et nous n'avons pas vu la physionomie de la capitale manifester le moindre regret pour cette occupation.

Aujourd'hui, il ne restait dans l'Asie centrale qu'un seul Khan indépendant : celui de Khiva... Voici que la Russie veut le soumettre et envoie une armée contre lui.

Et les Euzbeks de Khiva qui sont de notre religion, de notre race, de notre famille ottomane, dans quel état de souffrance les voit-on ?...

Personne ne s'en occupe.

Moi, je suis faible. Qu'y puis-je?

Pour qu'on n'oublie pas leur histoire et les anciennes relations qu'ils eurent avec nous, je viens d'écrire, de traduire, de publier ce livre.

Et je prie le lecteur d'ajouter, à la fin de cet ouvrage, ce que l'expédition actuelle vaudra à la patrie du premier Algébriste, Mohammed-ibn-Mousa, du grand Géographe Ebou-Reihaneh, du célèbre Médecin Zeinuddin, du fameux poëte Berky...

INDEX

PARIS. — IMP. VICTOR GOUPY, RUE GARANCIÈRE, 5.

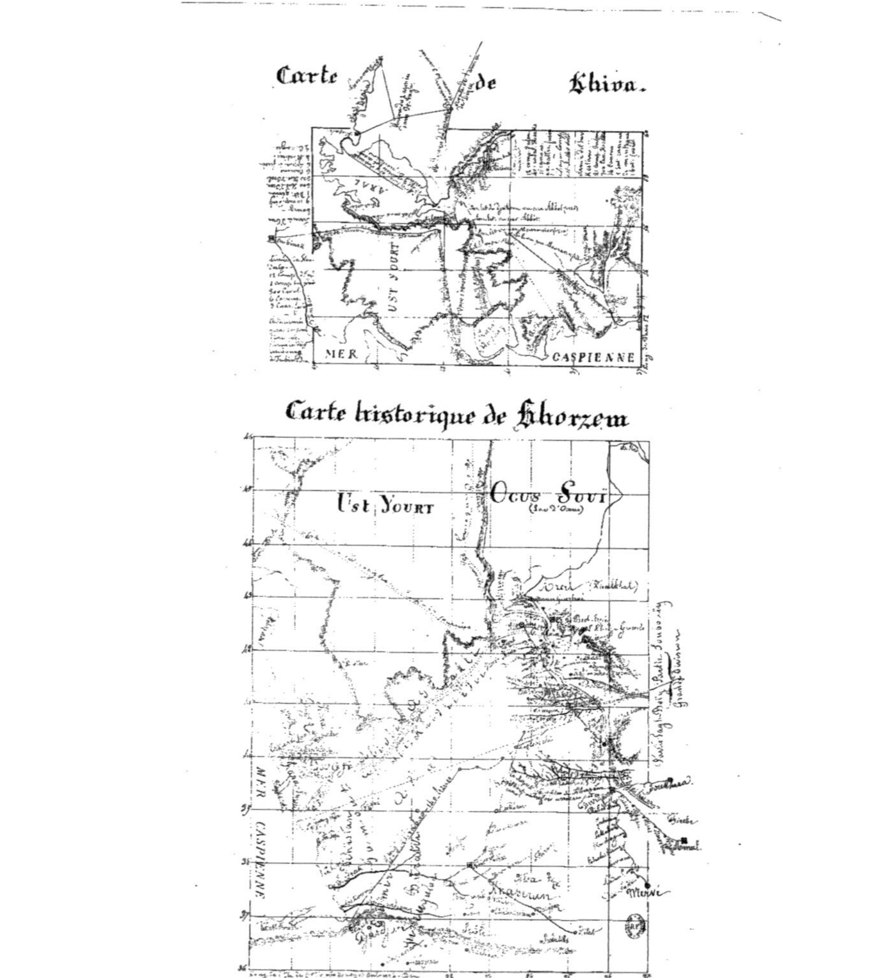
Carte de Khiva.
ARAL
UST YOURT
MER
CASPIENNE
Carte historique de Khorzem
Ust Yourt
Ocus Souï
MER
CASPIENNE
Merw

OUVRAGES PUBLIÉS EN EUROPE

PAR LE MÊME AUTEUR

EN TURC : **Ouloum-Gazetasy.** (*Gazette des Sciences*). 1er volume : 20 fr., 646 pages ; 2me volume : 20 fr., 720 pages.

— **Journal encyclopédique.** Cinq brochures, 160 pages. 5 fr.

— **Relation de Mehemmed Efendi,** ambassadeur de la Sublime Porte en France, 1720 . . . . 2 fr.

— **La Turquie,** 1871. (Almanach). Géographie, agriculture, industrie et commerce de la Turquie. . . . . 2 fr.

— **La Turquie,** 1873. 3 »

— **Preuve de l'existence de Dieu.** Haute littérature. 1 vol. 1 fr.

— **Biographie d'Ali-Pacha.** . . . . 1 fr.

— **Le Khiva** en mars 1873. . . . . 2 fr. 50

EN ARABE : **Tableau de Sébès.** . . . . 1 fr.

— **Uléma** (*Les Savants*), Trois grands volumes.

Le *Moniteur universel*, du 13 juillet 1872, donne sur cet ouvrage un compte-rendu ainsi conçu :

BIBLIOGRAPHIE. — **Uléma** (*Les Savants*), en arabe.

« Sous ce titre, Suavi-Effendi vient de publier trois volumes qui sont l'encyclopédie indispensable à tous les orientalistes, parce qu'ils y trouveront tous les grands écrivains musulmans, depuis l'Hégire jusqu'à ce jour, avec leur généalogie et leur spécialité dans les sciences ou les lettres ; les anciens sages ou savants non mahométans connus des musulmans et les savants musulmans connus des Européens, leur autorité, leurs ouvrages existants ou disparus, tous les savants européens anciens et modernes. Le savant auteur d'*Uléma* complète son travail par la biographie de tous les orientalistes, la liste des travaux scientifiques ou littéraires des principaux écrivains musulmans depuis les temps les plus reculés, et le catalogue de tous les manuscrits contenus dans les bibliothèques de l'Orient.

« Le mérite de l'ouvrage de notre savant confrère ne consiste pas seulement dans l'importance des recherches qu'il comporte, il est remarquable surtout par la nouveauté et la hardiesse de sa conception, qui est une révolution complète dans la littérature arabe, en ce qu'elle permet aux différentes nations orientales qui ont étudié la grammaire arabe seulement, de le lire et de le comprendre.

« Suavi-Effendi, esprit libéral et écrivain infatigable, connu de tout l'Orient tant pour la valeur de ses écrits que par les persécutions dont il est l'objet, est venu en Europe, il y a six ans, pour y continuer librement la publication de ses ouvrages, qui ne cessent de produire de grandes sensations dans la politique et la littérature, ainsi que l'ont constaté les journaux turcs, arabes, anglais, américains, français et les différentes sociétés asiatiques, etc. »

PARIS. — IMPRIMERIE VICTOR GOUPY, RUE GARANCIÈRE, 5.